U0608685

日语教学与翻译方法研究

齐 娜 李 娅 魏海燕 著

哈尔滨出版社
HARBIN PUBLISHING HOUSE

图书在版编目（CIP）数据

日语教学与翻译方法研究／齐娜，李娅，魏海燕著
. — 哈尔滨：哈尔滨出版社，2022.6
ISBN 978-7-5484-6531-7

Ⅰ.①日… Ⅱ.①齐… ②李… ③魏… Ⅲ.①日语—
教学研究②日语—翻译—教学研究 Ⅳ.①H369.3
②H365.9

中国版本图书馆 CIP 数据核字（2022）第 099932 号

书　　　名：日语教学与翻译方法研究
RIYU JIAOXUE YU FANYI FANGFA YANJIU

作　　　者：齐　娜　李　娅　魏海燕　著
责任编辑：李金秋
装帧设计：中图时代

出版发行：哈尔滨出版社（Harbin Publishing House）
社　　　址：哈尔滨市香坊区泰山路 82-9 号　　邮编：150090
经　　　销：全国新华书店
印　　　刷：三河市嵩川印刷有限公司
网　　　址：www.hrbcbs.com
E - mail：hrbcbs@ yeah. net
编辑版权热线：(0451) 87900271　87900272
销售热线：(0451) 87900202　87900203

开　　本：710 mm×1000 mm　1/16　印张：12.5　字数：187 千字
版　　次：2023 年 1 月第 1 版
印　　次：2023 年 1 月第 1 次印刷
书　　号：ISBN 978-7-5484-6531-7
定　　价：68.00 元

凡购本社图书发现印装错误，请与本社印制部联系调换。
服务热线：(0451) 87900279

目　录

第一章 日语教学基本理论

第一节 日语教学法概述

一、日语教学与日语教学法

日语教学和其他教学活动一样，是一种有目的、有组织、有计划的活动。学生在教师指导下从假名开始学习日语知识，逐步掌握听、说、读、写等日语技能，这是个极其复杂的发展过程，这个发展过程具有客观规律。日语教学法就是研究日语教与学的过程及其规律的科学。

日语教学法这一概念包括以下要素：日语、日语教学、日语教学法。日语是指日本民族使用的语言以及与语言交际息息相关的社会文化知识。日语教学是关于日语语言知识与技能的教与学的活动，具体指教师指导学生学习日语语言文化知识，掌握日语听、说、读、写等能力以及汉日语言互译能力、跨文化交际能力，同时帮助学生获得一定的身心发展，形成一定的思想品德的活动。学校的日语教学通常是在一定的教学目标指引下，按照既定的教学计划和大纲，采用符合教学目标和教学对象实际的教科书，在具有日语教学技能、日语知识和日语能力的教师的具体指导下，针对特定的教学对象实施的活动。

日语教学法还是研究日语（作为外语）教学理论和实践的科学。日语教学法不仅研究日语教学的基本理论，还研究日语教学的具体方法，如讲授法、翻译法、演绎法、练习法等，还要研究针对不同国别、不同年龄段、不同固有知识水平的教学对象开展教学时需要采取的方法和策略。因此，日语教学法既是研究理论的科学，也是师生围绕日语知识与技能展开的教与学的实践活动。

二、日语教学法的学科属性和体系

（一）日语教学法的学科属性

关于日语教学法的学科属性历来有所争论，有观点认为日语学科教学论是外语学科教学论的一个组成部分。外语学科教学论是教育科学的一个分支，因为它的研究对象是教师、学生、教材、课程、评价等外语教学中教育和培养过程的一般规律，所以日语教学法的学科体系也应该从属于教育科学。还有观点认为，日语教学法是从属于语言学的，是日语应用语言学的一个分支，因为指导学生掌握日语语言知识和言语技能是日语教学法研究的根本任务，日语教学法的研究离不开日语语言知识和语言文化背景，因此，日语教学法是日语语言学理论在教学中的实际应用。

我们认为这两种观点都有其合理性。日语教学法是一门涉及多学科的边缘性科学，与英语教学法、俄语教学法等同属外语分科教学法，是普通外语教学法的一个分支。普通外语教学法探讨各科外语教学的普遍规律，它来源于各分科外语教学法，也指导各科外语教学法。日语教学法既是一个科学概念，又是高等师范院校日语教育专业的必修课程，是一个课程名称。

（二）日语教学法的体系

日语教学法的体系组成有两种含义，一是指它的广义内涵，又称为亚体系。二是指它的狭义内涵，即教学法所包含的内容。

从广义上看，日语教学法的亚体系由基本理论、基本知识、基本实践、基本操作、专业思想组成。

1. 基本理论

包括一般语言观、心理观、教育观以及相应的规律、模式、原理，如语言知识和言语技能的统一、智力因素和非智力因素的统一、教学和教育的统一等。基本理论也包括具体的日语教学观点、原则、方法，如听说读写并举，语音、语法、词汇综合，学习和习得结合等。

2. 基本知识

基本知识是基本理论的应用，包括各个方面的教学方法、方式，各种类型的教学手段、技术的运用和使用，以及有关的道理和说明等。具体的语言知识教学法、言语技能教学法、课外活动组织法、现代化教育技术手段使用法，以及强化性和艺术性教学法等，都属于基本知识之列。当然，基本知识和基本理论的划分是相对的。

3. 基本实践

是指初步把日语教学法基本知识和基本理论应用于教学实践的尝试。这种实践带有训练性质。但是在基本实践中，实践者也要努力发挥创造性。基本实践的主要形式是教育实习、见习、评议会、讨论会等，包括听课、备课、写教案、上课、批改作业、辅导、家庭访问、指导课外活动等一系列的教学实践。通过实践形成能力。

4. 基本操作

是指日语教学中的技艺性或技术性的活动。如板书和黑板使用的整体设计，简笔画的画法和构思，各种电化教具的使用方法和操作技巧、在线课程指导等。这些都是日语教师的基本功，是本学科的组成部分。

5. 专业思想

发自内心希望自己能成为一名合格日语教师的专业思想是学习和研究日语教学法学科的出发点和归宿。本学科的广度、深度、难度，学科教师和发展所需要的思想修养、文化修养、逻辑修养等，都会促进日语教育研究者、工作者对之产生兴趣，进而转化为对日语教学工作的兴趣，这也会促进专业思想的树立和巩固。

教学是创造，教学法学科的发展也是创造。抓住创造，教学法学科的基本问题就容易解决。学习教学法就是学习创造，研究教学法就是发挥创造性，创造就有价值，这是教学法学科发展的原动力。

从狭义上看，日语教学法的组成主要分为两大部分：教学思想和课程设计。

课程设计可分为教学目的、教学内容、教学流程、教学方法四个部分。教学思想是课程设计的指导思想和原则，课程设计是教学思想的体现。不同教学法体系首先表现在教学思想上，从而也体现在课程设计上。

教学思想是对语言特性及其社会功能、对语言掌握、对母语和日语掌握过程的异同等的认识以及组织教学过程的原则。

教学目的指确定课程的教学目的。教学内容兼指教学内容范围、选择标准、量时比及组合教学内容的体系和原则、编排顺序等的设计。教学流程指整个教学过程组织的设计，如课程整体安排，教学阶段的划分和衔接，课型和分工，课内教学和课外教学的配合和分工等的原则。教学方法指课内外教学基本模式的设计。

三、日语教学法的研究对象和任务

日语教学法主要研究为什么教（学）、教（学）什么、怎么教（学）、教（学）得怎么样等问题，归根结底是教学的基本过程。

教学过程是一个系统，首先体现的是由教师到学生的"人—人系统"，它是由教师、学生、教学目的及教材、教学方法等要素构成的。教学的培养目标决定着课程的设置、教科书的选择和教学评价的方法、标准等，这与教育学、心理学密切联系。教学的具体内容是日语语言和日本文化，这与日语语言文化密不可分。教学过程中会应用到教学设备、现代教学技术手段，这涉及教学方法与策略。这些都是日语教学法要研究的重要课题。归纳起来，日语教学法的研究对象主要包括下列几个方面：

（一）日语教学的意义

属于这方面应研究的问题有：第一，学习日语对于个人发展和国家建设的意义。第二，对于开设日语的学校、学制、学时的选择与设定。第三，日语教学的教育、教养、实用目的及其相互关系，日语教学在实用方面的总目的和各年级的教学目标与要求。第四，各级教育部门有关日语教学的规定。

（二）日语教学的内容

这方面主要是研究教学内容。国家颁布的各层级教学规定了内容范围。教科书根据大纲的要求按照一定顺序编排、选择具体内容，因此研究"教什么和学什么"的实质是研究教科书问题，如编写和选用教科书的原则、分析教科书的结构和体系等。

（三）日语教学的方法

教学是师生的双边活动，要研究如何教必须先研究如何学。

属于如何学的问题包括：第一，学生在日语教学中的地位。第二，学生学习日语的心理过程。第三，从学习者角度分析决定日语学习质量的诸因素，如学习态度、学习兴趣、学习动机、学习外语的适合性（素质）等。

属于如何教的问题包括：第一，日语教学法的理论基础。第二，各种外语教学法流派的理论和实践。第三，适合我国日语教学的理论、原则以及与此相应的日语语音、语法、词汇基础知识教学和听说读写基本技能的训练方法。第四，日语课堂教学和成绩考核。第五，现代教育新技术，除了传统的录音、录像、广播、电视外，最新的网络媒体对日语教学的影响等。

（四）影响和制约日语教学的要素

任何教学过程都是具体的，在一定的时空范围内开展的，有制约它的诸要素存在。例如教学行政管理、教育政策、教师能力素质、教育评价机制等。要解决为什么教、教什么和怎样教的问题时，可以利用相邻科学的研究成果和理论，但是不能抽象、机械地引用，因为这些相邻科学的任务需要回答的问题与日语教学法不同。

教育学的任务是探索一般的教育教学规律；心理学研究人们一般的心理规律和接受一般教育、教学时的心理规律；语言学研究语言本质、人们习得语言和运用语言的一般规律。这些理论十分有助于日语教学法的研究，但是它们不能直接、具体地回答日语教学过程中的诸问题。不断地回答、解决日语教学过程中出现的新问题是日语教学法研究的根本任务。

四、日语教学法的研究途径和方法

(一) 日语教学法的研究途径

1. 以史为鉴

日语作为外语教学在我国已有百余年的历史。自 1896 年清政府在北京同文馆内设立了东文馆（日文馆）起，中国就开始把日语作为外语纳入教育领域。日语教学在我国起源于近代，发展于改革开放以后。作为外语教学的一个分支，日语教学法研究受到以英语教学法为主体的外语教学法的影响。从外语教学法发展历程来看，我国的日语教学先后经历了翻译法（语法翻译法、词汇翻译法、翻译比较法）、直接法、自觉对比法、口语法、视听法、认知法、自觉实践法、功能法等发展阶段和过程。每一种教学方法都有其合理性和不足之处，继承和借鉴已有的教学法，古为今用，洋为中用，取其精华，对丰富和发展日语教学法有现实意义。

2. 吸收兼容

与日语教学法相关联的其他学科不断发展，取得新的成果，其中必有能够为我所用的学科理论可以与日语教学实践相结合，指导教学实践，这也是丰富日语教学法的理论宝库。

3. 借鉴国外

20 世纪 60 年代日本经济崛起，日本成为世界经济强国，强大的经济实力也促进了日本的国际化发展，经济腾飞与生存压力、"少子化"等社会问题的产生也促使日本政府以及民间团体纷纷采取措施，大量吸收海外留学生，间接地促进了日本本土的日语教育者研究对外日语教学法。半个世纪过去了，这些来自日本本土的对外日语教学理论为我国日语教学提供了很多可供借鉴的经验。

(二) 日语教学法的研究方法

1. 研究课题分类

日语教学法的研究课题，按照性质和作用可以分为两大类。第一类是理论性的，其表现形式为专题论文和专著。第二类是实用性的，其表现形式是各种教学文件和资料，包括教学大纲、教材、考题、工具书、参考书等。

2. 研究方法分类

社会科学的一般研究方法有：观察、文献分析、面谈、问卷、测试、总结、实践和实验等。

（1）历史文献法。又称为历史法和文献法，是研读国内外各个历史时期关于针对中国人开展日语教学的论述、专题论文、专著，分析、整理、研究各个时期的教学大纲、教材、考题等，从阅读文献入手，以历史的、发展的、批判的眼光探索日语教学理论与实践规律的研究方法。

（2）观察调查法。这是通过对教学现场的观察和调查取得有关资料进行研究的教学方法。观察的对象可以是教师本人，通过微格教学设备录制实验课全过程，课后进行观察。观察的对象也可以是他人的现场教学，获得最新的观察资料和数据，开展调查。调查旨在取得难以直接观察到的资料，为了评价贯彻某个大纲、使用某部教科书、采用某种教学方法的实践效果，除了观察教学现场之外，同时组织各种调查。

观察调查法主要包括教学现场观察、专门组织的调查测试、学生的作业或试卷调查分析、就某一专题进行问卷调查、谈话调查等。观察和调查的资料与数据要进行归类整理和分析，综合研究后才能得出结论。

（3）实验法。这是一种通过教学实践验证原有假设或理论的方法。按实验目的，又可分为试证法和实验法。

试证法旨在通过教学实践验证实验前提出的假设。通常用于探索性研究。一般情况是：研究者在阅读文献或在教学实践中得到某些启发，形成某种设想或假设，然后组织试证教学，以期验证自己的假设是否科学且可行。

实验法旨在通过教学实践，验证前人或他人的某种理论是否有效和可行。通常用于评论性研究。在许多情况下，验证前人或他人理论时，研究者往往加上自己实施这一理论的一些补充设想。这样的实验，兼有试证的性质。在现实的教学实验中，采用纯粹实验法较少，采用兼有试证性质又有实验性质的实验法较多。

　　总结法是教师把自己在教学中积累的经验通过分析研究，使感性认识上升到理性认识，以此来探索教学规律。

　　在研究实践中，文献分析法、观察调查法和实验法往往结合使用。

　　——采用文献分析法研究某个理论问题时，可能通过实验法取得论证资料；

　　——采用实验法评价某项理论时，可能通过观察调查法取得进一步的佐证；

　　——采用观察调查法进行研究时，可能事先通过文献分析法熟悉有关问题在文献资料中的记载。

　　（4）比较分析法。随着日本经济高度增长期的到来，经济发展需求与"少子化"产生的劳动力不足发生矛盾，日本自 20 世纪 80 年代以来，高度重视海外留学生的招收和教育，对日语非母语的学习者的日语教育问题研究水平高，成果丰硕。这些日语非母语的学习者或者是以英语为母语，或者是以其他语言为母语，不同母语文化对日语教育教学的研究有不同的影响，结论也不相同。当直接借鉴在日本针对中国学生开展的日语教育研究成果时，由于中国、日本两个国家不同教学环境存在差异，可以采取比较分析的方法，研究不同文化背景、不同语言教学环境下的教学法理论和方法。同为外语教学法学科体系的英语教学、俄语教学的理论及方法也有助于丰富和发展日语教学法的理论，指导日语教学实践。在比较法上可以采取纵向比较（如针对不同国别学习者日语教学法比较）、横向比较（如英语教学法与日语教学法的比较；实验组与对照组比较）、同类比较（如在中国的日语学习者和在日本的中国人中的日语学习者的日语教学比较）、相异比较（如对男、女日语教学法比较）、定性与定量比较（如影响日语教学的因素与影响值）等方法。

　　（5）经验总结法。日语教学是实践的过程，教学经验来源于教学实践，只有认真地、科学地总结经验，并上升到理论高度，才能在更广泛的范围内指导教学实践活动。总结经验需要我们具有明确的科学研究意识，选准研究课题与对象，把握方针政策，掌握国内外研究现状，制定研究计划，搜集具体事实，在此基础上进行分析和综合，广泛论证，总结成果。

3. 研究工作的一般步骤

（1）准备阶段。这个阶段有两项主要工作：准备研究条件和拟订研究计划。

准备研究条件包括：收集文献资料（文献分析法）；确定需要观察的班级及需要调查和收集的资料；编写调查测试用的考题、问卷；选定各项活动的对象（观察调查法）；准备实验用品（实验法）。

研究计划内容包括：研究课题；研究的目的和意义；研究内容的提纲初稿；工作进程；各阶段完成日期。

准备条件和拟订计划这两项工作常常交叉进行。例如，要准备文献资料，先要取得课题，而要取得课题，又往往需要准备必要的条件。

（2）计划实施阶段。准备工作基本就绪，开始按计划开展研究活动：阅读文献、观察调查、实验。在这一阶段必须做好文献摘录及各种资料的记录、收集、整理、分类等工作。

（3）分析判断阶段。资料收集齐全、实验完成，就要对取得的各种资料从定量到定性两方面进行统计、分析、归纳、判断，得出有规律性的、有说服力的或者有启迪性的结论，形成观点。

（4）表述阶段。有了资料，有了观点，就可以正式构思论文的结构和内容，把研究活动的结构用文字表达出来，写出言之有物、立论有据、有观点、有材料的论文。

在实践研究工作中，后几个阶段的活动也有可能仍有交叉。例如，在分析判断阶段，甚至在表述阶段，可能发现某些资料不足，因而需要再次收集资料，在对资料进行整理和分类时，可能需要进行初步的归纳和判断。所以，上述工作步骤只能是一般的划分。

五、对日语教学法的认识误区

（一）否认日语教学法的科学性

认为教学法是语言学、心理学、教育学理论的拼装，不是一门独立科学，或者把教学法与应用语言学、心理语言学、社会语言学等同起来，认为与其学习教学法不如学习这些科学更有价值。的确，日语教学法与这些学科关系密切，但是，每一门科学都有其独特的研究对象和研究任务、研究方法，能够有助于日语教学取得最佳效果的只有日语教学法。

有些教师不掌握日语教学理论，或者没有认真研究教学方法，对教学的认知来源于自己的教师，在讲台上只能是机械性地模仿，属于感性认识、经验主义认识。这个模仿的方法是否符合教学目标，是否能保证教学质量，达到预期效果是难以保证的。如何上好一门课，如何上好一堂课，不懂得教学法的教师很难科学地做出回答，那么这节课、这门课的教学质量可想而知。

（二）把日语水平与教学法水平等同

认为日语水平高，就一定能做好日语教学工作。日语水平是日语教学的基础和教学质量的保证，但是，不是所有会日语、日语知识丰富的人都能做合格的日语教师。例如，不是所有的日本人都擅长日语教学；精通日语的翻译家不一定懂得教学法，不一定是优秀的日语教师。可以肯定地说，外语水平高的教师不懂得教学法，教学水平不一定高。

（三）把教学法水平与口头表达能力混淆

口头表达能力强意味着教师能清楚表达思想意图。良好的学科基础、良好的口头表达，是教学质量保证的必要条件。但是日语教学是研究日语教学过程的科学，研究对象包括复杂多变的人，不懂得教学规律、人的学习心理等，口头表达难得要领，难以把握教学的关键。所以口头表达能力强不是取得教学成效的唯一条件。

（四）对教学方法唯一性的认识

许多青年教师教学实践经验少，教育理论知识基本功不够扎实，在研究教学法时容易陷入标准唯一的误区，即希望在教学中找到一个模板，无论什么课程、无论面对何种教学对象，"一招鲜吃遍天"。如认为让学生动起来就是一堂好课，不顾是否适合教学内容、教学目的，一味地采取多种形式的课堂练习，流于形式；再如，认为教学法理论无用，教师可以各自为政，平行班教学时使用各自的方法，反对教学方法唯一。诚然，具体的教学方法是多种多样的，不能强求一律采用同样的方法。但是，这样的不一致是在教学基本理论指导下开展的，是对基本教学法理论的不同诠释和演绎，这是在创造性地灵活应用教学法，而不是无标准无原则的随意行为。

（五）过度强调学生的自主学习能力，忽视教师作用

在强调自我学习、独立学习、终身学习的今天，在信息技术高度发达、知识获得方式不断增多的今天，学生的自主学习能力的确有所提高，但是，教师的作用依然不能忽视。随着高等教育改革不断深入，对人才培养规格和质量的标准也不断提高，日语专业人才培养从精英型、研究型转变到应用型、复合型。这绝不意味着人才培养质量的下降，而是对学生专业能力的提高和知识领域的扩大提出的新的要求。在有限的课堂教学时间内完成更多的教学任务目标，意味着教师的有效学习指导必须达到新的高度，否则，学生靠自我摸索经验、死记硬背是难以完成学习任务的。因此，不能只重视提倡学生自主学习而忽视对教师指导学生学习的研究，不能忽视教师的作用。

（六）把握不好教与学的关系

有这样的教师，具有很高的日语水平，掌握一定的教学方法，有很强的责任心，他希望所教的学生都能学有所成。这也是一名优秀教师的标准。但是，在教学过程中，他总是担心学生学不会，讲授知识面面俱到，唯恐遗漏，认为学生只要跟随他的指挥棒就能学精、学好，所以总觉得课时不够，对学生的学习指导全神贯注于讲授，而忽视学生的主观能动性。把握不好"如何教学生学习"的问题，归根结底还是没有把握好"教与学"的关系，这样的教学很难调动学生的学习积极性，也不利于学生自主学习能力的养成。

（七）把教学经验与教学法水平相混淆

作为一门科学，教学法的理论来源于教学实践，来源于前人对教学经验的总结，教学法理论又接受教学实践的检验，教师学习教学法理论，必须应用到教学

实践中才算真正掌握。教学经验终究不等同于教学法理论，实践经验只有上升到理论高度才能指导实践，并且要经过实践的检验才可以称之为科学理论。教师的教学活动是针对人的，学生不是实验品，不能用一届一届的学生做实验来培养教学经验和能力，有责任心和教师道德的人不会把教学经验与教学法水平混为一谈。

第二节　日语教学法与其他理论的关系

一、日语教学法与哲学

哲学，特别是辩证唯物主义认识论和方法论是日语教学法的指导思想的理论基础，是认识日语教学法中各种矛盾的本质和正确处理矛盾的根本武器。

在研究教育科学时，我们要肯定教学规律是客观存在的，不以人们的主观意志为转移，同时还要认识到随着科学的进步、时代的发展，我们对教学方法的研究也会随之发展变化。就外语教学法体系而言，经历了语法翻译法、直接法、自觉对比法、口语法、视听法、认知法、自觉实践法、功能法、交际法等阶段，每一个教学方法的出现，都是与各种方法相互交叉、互为补充的，是为适应当时社会历史时期外语教学需求而产生的。每一种方法的产生又对旧的教学方法产生了推进和促进作用，完善了旧的教学方法所没有涵盖的内容。辩证唯物主义关于发展的观点揭示了人们对外语教学发展过程和一般规律的认识过程。此外，任何教学法理论都要受到教学实践的检验。外语教学是一个多组成（教学内容的多样性）、多层次（教学目的的多样性）、多因素的复杂过程，存在多重矛盾，在探索过程的规律，观察矛盾的对立、统一和发展时，必须联系具体的时间、地点、对象、条件，注意矛盾的共性和个性，注意矛盾的主要方面，坚持具体问题具体分析。马克思主义哲学观点是我们研究日语教学法的根本思想武器。

二、日语教学法与教育学

教育学要求把日语教学作为整个教育活动的一个组成部分，促使学生全面发展，日语教学既是教育的目的，又是教育的手段。教育学所阐明的原理、原则对整个学校教育、对学校的各门课程都有指导作用。

教学论也称普通教学法，是教育学的一个重要组成部分或分支，专门研究教学过程及其规律。教学论和学科教学法，包括外语教学法中的日语教学法，既有密切联系，同时又有区别。教学论研究学校各门课程的一般教学过程和规律，它所论述的教学原理、原则及教学方法是从各门学科教学法大量材料中分析、概括、提炼出来的，对各门学科的教学都有指导意义。而学科教学论在研究学科教学理论的同时，一方面要以教学论所阐述的原理和原则为指导，另一方面又以自己的研究成果充实和丰富教学论理论。教学论是教育科学中与日语教学法有直接关系的科学。

三、日语教学法与心理学

心理学是研究人们的心理过程，研究人们的思维、记忆、想象、意志等心理过程及其规律的科学。人的心理就是脑的特征，生理是心理的基础。教学活动是师生的共同活动，教学的成败取决于师生双方的积极性。学习的过程是认知的过程，与心理活动密不可分。为把教学组织得合理并卓有成效，必须要关注教学实施者的教师心理和作为教学主体的学生心理，了解他们的一般生理和心理特点，掌握师生在教学过程中的心理规律、智力因素、非智力因素和个性因素的和谐作用。行为主义心理学和认知心理学的基本规律是指导日语技能训练和日语学习能力培养的重要依据。心理学可以指导教师和学生在教学过程中找到动机、自尊、自信、自觉性、自主感、记忆技巧及规律等。

教育心理学是研究学生在教育影响下形成道德和品质、掌握知识和技能、发展智力和个性的心理规律，是与日语教学法紧密联系的学科。教育心理学关于学习动机、兴趣、学习知觉、表象、思维的相互作用的研究，关于掌握知识和技能的心理规律的研究等，都与日语教学法有着直接的关系。

心理语言学或语言心理学研究人们习得、学习和使用语言的心理规律，主要侧重于母语和第二语言的习得和学习等的心理规律，关注不同年龄、母语水平、学习环境和学习动因、学习内容对第二语言学习的影响，心理语言学的研究成果有助于日语教学法建立新的理论，对教学实践有指导作用。

四、日语教学法与语言学

语言是交际的最重要的工具。学习语言要注意其物质结构，更要注重其交际功能。任何外语课程的最终目标都是使学生利用所掌握的语言知识达到交际的目的。语言是思维的外壳，母语水平是思维能力的重要反映，母语思维习惯对外语思维习惯的养成具有干扰作用。语言和言语是不同的概念。语言是音义结合的词汇和语法的体系，言语是在特定的语境中为完成特定任务时对语言的使用。语言和言语互为依存。语言的社会功能表现为言语时才能体现。言语要以语言为基础，不能脱离语言规则。语言是体系，言语是行为。语言和言语的关系表明，外语教学的最终目的应该是培养言语能力或交际能力，外语教学的内容不仅指语言知识，也指听说读写行为，教学方法不仅要根据学习语言知识的需要进行设计，更要根据培养听说读写的能力需要进行设计。

五、日语教学法与社会学

语言与社会的关系是辩证的，他们存在着错综复杂的关系。社会的本质是人和组织形式：人，确定了社会的规模和活动状态；组织形式，决定了社会的性质。语言是一种社会现象，是人类区别于动物的重要标志，是人与人交际的工具，也是使人与文化融为一体的媒介，随着人类的形成而形成，也随着人类社会的发展而发展、变化而变化。文化也是一种社会现象和社会精神力量，是人们通过长期的社会实践所创造和形成的产物，是社会历史的积淀。人类用语言创造了文化，文化又反过来影响了人类，促使人类走向更大的进步。自古以来人类社会积聚下来的文化遗产给语言留下了深刻的烙印，人类的语言是人类社会文化中的语言，它与人类社会、人类的文化有着密切的关系。

社会学理论是社会学家思想的结晶，从孔德的实证主义到吉登斯的结构化理论，从严复的《群学肄言》到孙立平的《断裂》三部曲，社会学理论的发展走过了近 200 年的历史。在这 200 年中，众多社会学家留下了各式各样的思想，其中有些还形成独特的门派。这些思想被后人编撰，形成了社会学理论。社会学的功能论、冲突论、过程论、符号互动论、批判论和结构化理论以及产生自 20 世纪 80 年代之后的新功能主义、沟通行动理论、结构化理论、实践社会学理论、理性选择理论、互动仪式链、后现代主义等当代社会学理论，有助于我们正确认识和准确理解各国家的社会结构、性质，有助于我们了解该国家的社会现象，即语言和文化。因此，在日语教学过程中，社会学的理论对语言教学以及语言文化教学有重要指导意义。

此外，社会学要求教学集体的和谐，师生和谐，学生间和谐，教师间和谐，教师与学生家长的和谐，学生和家长的和谐。这些和谐是指心理上、认识上、情感上、行动上的和谐统一，和谐理论是学校教育、语言交际、语言学习理论的基础理论之一。

六、日语教学法与人类学

语言是人类社会生活不可缺少的一个部分。现代语言学主要来源于两大传统：语文学传统和人类学传统。语文学传统从比较语言学和历史语言学开始，根据文学作品和书面文献的研究对语言进行分析和比较，强调语言的自然属性，把语言看成是一个封闭的、独立的系统，把语言学看成是一门横跨人文科学和自然科学的独立的边缘科学；人类学传统指运用人类学方法去研究没有书写系统和文字传统的社会集团的语言，即把语言学看作是一门社会科学，把语言置于社会文化的大环境中研究。人类语言学的研究传统诱发了文化语言学的出现和兴起，通过从文化的角度来考察语言的交际过程，语言学家们发现人们在语言交际过程中不仅涉及语言系统，而且涉及同语言系统紧密关联并赖以生存的文化系统。

从人类文化学角度研究日语教育问题，要求我们在教学中要注意文化交叉问题。在语言中教文化，在文化中教语言，二者要相互促进。文化是日语学习的目的，又是日语学习的手段。中日文化有差异也有相同之处，日语学习的一个重要任务就是在语言学习过程中达成跨文化理解。从文化的角度学习日语，语言情景和功能的问题就会迎刃而解，交际的目的也容易实现。

七、日语教学法与系统科学

系统论是把认识对象作为系统来认识。日语教学法的认识对象是日语教学，把日语教学看作系统，则必然要采用系统论的方法处理日语教学的有关问题。

系统是由许多相互联系和相互作用的部分（要素）按照一定层次和结构所组成并且具有特定功能的有机整体，所以系统就是整体。在教育科学中，人们长期研究学生、教师、教材、班级等教学组成部分，说明人们思想中还没有把教学作为一个整体对待。在应用语言学研究中，人们专注于语言教学的客观性，较少触及学习主体，基本不谈教育环境，这违背了外语教学的基本规律。所以，我们强调日语教学是一个系统，这是基本的教学观点。

从系统论的观点出发研究日语教学法，有以下意义：第一，有助于教师准确把握教育目标，明确日语教育是学校教育中的一个要素，要服从教育的整体目标；第二，有助于教师明确教学任务，不能只管"教"不管"学"；第三，有助于指导教师宏观把握教学内容，不是只了解某一节课、某一册书，而是要建立系统的知识结构，明确"册"、"课"是教材的要素、子要素，而教材又是教学的要素；第四，有助于教师克服语言环境困难，利用现有教学条件，不断提供外在语言环境系统，为学生学习创造条件。

八、日语教学法与现代教育技术

教育技术是指对学习过程和学习资源进行设计、开发、运用、管理和评价的理论与实践。教育技术的研究对象是学习过程和学习资源。在《教育技术手册》一书中把教育技术分为更加具体的不可分割的三个部分：一是指硬件，指技术设备和相应的教学系统；二是指软件，指由硬件实施而设计的教材；三是指潜件，指理论构想和相关学科的研究成果。可以看出，教育技术有三个基本的属性。第一，教育技术是应用系统方法来分析和解决日语学习问题的过程，其宗旨是追求教育的最优化。第二，教育技术分为有形技术和无形技术两大类。有形技术是指利用自然科学、工程技术学的成果，把物化形态的技术应用于日语教育，借以提高教学效率的技术，它包括从黑板、粉笔等传统的教具到多媒体计算机及网络等一切可以利用于教育的器材、设施、设备等及相应的软件；无形技术主要指利用教育学、心理学、系统科学、传播学等方面的成果以优化教育过程的技术。第三，教育技术依靠开发、利用所有的学习资源来达到自己的目的。学习资源分为人员、材料、设备、技术和环境，这些资源主要来自两个方面：一个方面是专门为日语学习的目的而设计出来的资源，如教师、课本、计算机课件、投影机、教室、操场等，另一个方面是现实世界中原有的可被利用的资源，如报刊、展览、影视、生产现场、竞赛等。

现代教育技术是把现代教育理论应用于日语教育、教学实践的现代教育手段和方法的体系。包括以下三个方面：①日语教育教学中应用的现代技术手段，即现代教育媒体；②运用现代教育媒体进行日语教育、教学活动的方法，即媒体教学法；③优化日语教育、教学过程的系统方法，即教学设计。随着网络的普及，微课、慕课、翻转课堂、在线学习等已经逐步出现在日语教学活动中，现代教育技术对日语教学的影响作用越来越不容忽视。

第三节　外语教学法的流派

一、外语教学法发展历程

外语教学是一个复杂的过程，影响它的因素较多。由于外语教学是学校教育的组成部分，必然与其他学科的教学一样，受到教育学、心理学和教育领域一般教学论的影响。然而，外语是一门语言学科，外语教学法的主要理论基础是语言学。自语言学成为一门独立学科后，每一个主要流派都有体现其基本理论的相应的外语教学法。但是，外语教学法并不完全依附语言学，它具有相对的独立性。有的外语教学法（如直接法）并无相对应的语言学流派作为理论基础。因此，不能机械地将语言学流派与外语教学法看成一对一的关系。

据历史记载，最早谈论外语教学方法的是欧洲教育家马库斯·昆体良（Marcus Fabius Quintilianus A. D.）。他出生于西班牙，后去罗马教授希腊语。他的教学由四个步骤组成：朗读伊索寓言，写下该故事，口头讲述某段故事，写一篇短文。据说这一方法流传很长一段时间。然而，16 世纪前外语教师的工作大部分仅为词汇和句子的讲解而已。直到 19 世纪初，有关外语教学的方法尚未形成系统的观点和理论。

外语教学法理论是在 19 世纪历史比较语言学的基础上形成的。20 世纪 60 年代之前，以语法翻译法、直接法和听说法为代表，一般称其为传统的外语教学法。

20 世纪 50 年代末 60 年代初，语言学领域的生成转换语法理论取代了结构主义语言学的主导地位；几乎在同一时期，行为主义在心理学的主导地位被认知学派所取代。语言学（当时为生成转换语法理论）与心理学（当时为认知学派）的结合产生了一门新的交叉学科——心理语言学。在此基础上，外语教学领域产生了一个新学派——认知法。

20 世纪 60 年代末 70 年代初，随着另一门新兴学科社会语言学的诞生，社会语言学家海姆斯提出了"交际能力"的概念，在外语教学界引起了强烈的反响，交际法学派随即迅速崛起。

认知法和交际法的产生改变了外语教学的方向，标志着外语教学告别了传统时代，进入了一个新时代。首先，传统外语教学法以教师为中心，学生跟着教师被动地接受知识与技能，而认知法强调根据学生的认知规律进行教学，交际法着重培养学生主动交际的能力，使学生成为课堂的主人。其次，认知法主张发展学生创造性的思维，交际法注重语言的社会交际功能，它们分别从语言与思维、语言与社会两方面的关系上体现了语言的心理和社会属性，从语言的本质出发把握外语教学的方向，反映了当代的语言观。在认知法和交际法的带动下，出现了一批新的外语教学法。

20 世纪 70 年代的教学法，除个别（如"全身反应教学法"是直接法的新形式）外，大多受认知法和交际法的影响，理论基础基本上是心理语言学和社会语言学。

20 世纪 80 年代后，外语教学法的改革思路进一步拓宽，涉及的层面更为开阔，出现了一个观点和方法多样化的局面。在信息时代的推动下，应用语言学发展很快，不仅心理语言学与社会语言学领域对外语教学的研究不断深入，而且语言习得与语言学习的科研也取得了重要的成果，使外语教学法的理论与实践朝着纵深的方向发展。许多外语教学研究者不满足于将外语教学的改革仅局限于外语学科的范围内。他们认为，外语课的教学效果再好，也不过是一周几堂课而已。只有将改革扩大到整个学校课程改革的框架中，使外语课与其他课程相结合，才能进一步提高学生的外语水平。于是兴起了"沉浸法""整体教学法"和"基于内容之教学法""翻转课堂教学法"等外语教学法。实际上，这些方法的基本做法在 20 世纪 80 年代前就已经存在，但经发展及赋予新的内容后，面貌大为改观。

任何新教学法的兴起并不意味着旧方法的消亡。无论是传统的还是新兴的外语教学法都是在一定的历史条件下产生的，各有长处和局限性。我们应该学习和掌握各种不同的教学方法的特点，根据具体的教学要求，自觉地、灵活地运用它们为不同的教学目标与对象服务。

二、外语教学法诸流派

(一) 语法翻译法

1. 语法翻译法的产生

语法翻译法是外语教学中历史最长与使用最广泛的方法之一。无论在我国还是国外，早期的外语教学都普遍采用语法翻译法。18 世纪末，欧洲的拉丁语和希腊语的教学方法大多为语法翻译法。19 世纪盛行的历史比较语言学更为语法翻译法提供了理论基础：通过翻译的手段和比较母语与外语语音、词汇和语法的异同达到掌握外语和欣赏外国文学作品的目的。

2. 语法翻译法的教学原则与特点

语法翻译法的教学目的是培养学生阅读外语范文（特别是古典文学作品）

和模仿范文进行写作的能力，以便在考试中取得好成绩。为达到此目的，教师系统传授、学生全盘接受外语语言知识。主要的教学方法为讲解与分析句子成分和语音、词汇变化与语法规则。词汇教学多采用同义词与反义词对比和例句示范法；讲解与分析语法基本上采用演绎法，即教师给出规则和结论，要求学生记忆和用规则解释课文。语法翻译法的教学特点表现在：

（1）课堂管理采用教师权威模式，教学是教师向学生灌输知识的单向行为。学生很少提问，学生之间交流更少。

（2）文学语言优于口语；在听、说、读、写四项技能中，重视读写，轻视听说。

（3）课堂用语大部分是母语。通过翻译检查教学质量。练习方式有单句填空、造句、背诵课文和作文等。

3. 对语法翻译法的评价

（1）学生语法概念清晰，词义理解比较确切，翻译能力得到培养。

（2）语法翻译法能配合其他阅读与写作教学法，帮助学生提高阅读与写作能力。

（3）教师的绝对权威地位有碍学生的主动性。学生学习被动，有些人失去兴趣，学习困难的学生常缺乏学好外语的信心。

（4）语法翻译法不能全面培养学生运用外语进行交际的能力，特别是口语能力。长期使用语法翻译法会使学生患上"外语聋哑病"。

由于语法翻译法具有上述缺点，初学外语时，不宜经常使用这一教学法。

（二）直接法

1. 直接法的产生

19 世纪末 20 世纪初，欧洲和北美洲等地加速了工业化的进程，国际交往日益频繁，各国对外语人才的需求量迅速增长。采用语法翻译法培养的学生已不能适应时代的需求。语言学领域内出现了改革运动，以英国语言学家斯威特（H. Sweet）为代表的改革派强调口语和语音训练的重要性，推动了外语教学改革，与语法翻译法针锋相对的直接法便应运而生。直接法首先由法国人古因（Gouin）提出，后由他的弟子索斯（Sauze）在美国倡导，并由教育家伯里兹（Berlitz）在教学中实施，由于他们的推广，20 世纪初直接法流传颇广。

2. 直接法的教学原则及特点

直接法的教学目的是使学生的外语能力接近以所学语言为母语的人的水平。所谓"直接"，是指在外语教学中排除母语的干扰，直接将外语与实物、图片和行动结合起来，外语学习应与儿童习得第一语言一样，起始于接近生活的口语，而不是文学作品中的书面语。直接法的教学特点表现在：

（1）学生通过大量倾听教师自然语言和看图片、幻灯、电影，边实践边模仿，来掌握外语语音、词汇和语法，而不是通过教师详尽的讲解学习外语。因此，要求教师应以外语为本族语，如英语教师一般是以英语为本族语的英美等国人。

（2）教学中完全不使用学生的第一语言与翻译练习。语法教学采用归纳法，即学生接触了大量语言现象后进行归纳。

3. 对直接法的评价

（1）学生通过听说外语和自己的活动，接触和运用大量自然语言，有利于增强外语语感，提高外语实践能力、特别是听与说的能力。

（2）学生积极参与课堂教学，学习主动性比较强。对小学生和初学外语的成人，直接法在激发学习外语的兴趣方面效果良好。

（3）直接法难以教授复杂和抽象的语言内容和结构，因此一般不适合于高中和大学综合类外语课程教学。一些内向型学生也不欢迎直接法，他们在教师采用直接法时态度比较消极。

（4）完全排除母语与翻译练习使学生不易掌握一些复杂的概念，同时，使用过多外语迂回解释某一现象往往浪费了课堂上宝贵的时间。

（三）听说法

1. 听说法的产生

听说法是 20 世纪 40 年代末在美国形成的外语教学法。二战期间，美国军队进驻很多国家，军人急需掌握外语，美国政府委托数十所高校制定了军队外语培训计划，在密执安大学教授弗里斯（C. Fries）等人领导下开展对军人外语的培训工作。弗里斯与他的合作者拉多（R. Lado）长期从事外语教学工作并接受了结构主义语言学的基本观点。他们在丰富的实践经验的基础上，特别是通过军队外语培训等教学活动，创立了听说法。

2. 听说法的教学原则及特点

听说法以结构主义语言学和行为主义心理学为理论基础。结构主义语言学运用于外语教学时，明确地将语言能力分解成听、说、读、写四个方面的技能。体现这一观点的听说法，就是将培养学生外语听、说、读、写的实践能力作为教学目的。同时，结构主义语言学的美国学派大多持描写语言学派的观点，他们视口语为第一位，书面语为第二位。听说法的倡导者也认为，体现口语的听说能力的培养应优先于使用书面语的读写能力。因此，听说法有时也称"听说领先法"。听说法的教学特点表现在：

（1）根据行为主义的基本观点，听说法认为外语学习是通过"刺激—反应"形成习惯的过程。课堂上除了教师尽量用外语上课外，还大量使用录音、录像和电化教具作为刺激手段，并采取模仿和机械操练等方法强化学生的反应，巩固所学内容。

（2）句型操练是听说法的基本特征之一。主张听说法的教材一般根据语法和句子结构系统列举外语句型。它们不仅被安排在每一课对话里，而且体现在课文后句型替换练习中。上课时要求学生做大量快速反应的句型操练。

（3）听说法认为学生在外语学习中的错误是第一语言干扰的结果，因此，应采取有错必纠的态度。对错误本身则采用"对比分析法"，将正确与错误的语言项目进行详尽的比较，让学生进行操练，以克服第一语言的干扰。

（4）早期的听说法注重机械操练。语言练习常采用"最小单位对比"。如通过比较和操练"ship, sheep""sake, shake"等仅有一个音素不同的成对单词发音，使学生掌握正确的语音。语言结构练习采用句型操练。20 世纪 60 年代后，这种不利于学生创造性学习的教学方法受到批评，一些应用语言学者开始改进听说法，使操练朝着有意义和有利于实际交际的方向发展。其中最具有代表性的是波尔斯顿（C. B. Paulstmi）提出的"MMC"法，即机械操练—有意义的练习—交际性活动三步骤。第一步骤为早期的机械操练。第二步骤为有意义的练习，这时教师给出结合学生生活的情景，让学生在规定的情景中做语言操练。如做英语动词一般现在时第三人称单数后加"s"的练习时，提出问题"What do your parents do on weekends?"要求学生根据实际生活中的情况回答。在第三步骤的交际活动中，请以英语为本族语的人来交谈，要求学生在交谈中尽量用所学语言结构等。这一方法颇受外语教师欢迎。

（5）听说法提倡用外语上课，但不像直接法那样完全排除母语。对于一些难以理解或抽象的词汇或语法结构，常用学生的第一语言做简短解释，以免浪费时间。

3. 对听说法的评价

（1）使用听说法培养的学生敢于大胆、主动地与外国人交谈，外语实践能力（特别是口语能力）比较强。在运用外语时，语言结构比较规范，流利程度比语法翻译法培养的学生有明显的优势。

（2）听说法提倡的句型操练对初学外语者帮助较大，已广泛运用于外语教学中。听说法采用的一系列语音教学与测试方法也常用于外语教学与测试中。

（3）最大的弊端是不利于发展学生创造性的思维。大量机械操练、模仿和简单重复使学生处于鹦鹉学舌的状态。学生长期如此，失去了学习的主动性。

（4）过分强调听与说的能力，放松了培养读与写的能力，不仅影响了实践能力全面提高，而且也使进一步发展听说能力受到限制。

（四）认知法

1. 认知法的产生

认知法的理论是心理语言学。主张认知法的人认为，乔姆斯基关于"语言能力"的基本观点与认知心理学有关认知过程的理论应成为外语教学的指导原则。心理语言学形成之初，研究内容和方法都深受生成转换语法理论的影响，两门学科时而交叉，很难分辨它们的界限。这导致有些人认为认知法的理论基础是生成转换语法理论。但由于认知法的一些教学原则出自认知心理学的基本理论，因此，认为认知法的理论基础是心理语言学比较确切。

2. 认知法的教学原则及特点

从字面上看，认知法的教学目的与直接法和听说法一样，都是为了使学生的语言能力接近以所学语言为母语的人的水平。但是，认知法所指的"语言能力"是生成转换语法理论所主张的内化语法规则的能力，它体现在听、说、读、写四种技能之中，而不同于直接法和听说法主要培养口语实践能力。认知法的教学特点表现在：

（1）认知法明确指出，外语教学应以学生的认知活动为主，而不应由教师主宰课堂。采取直接法和听说法的教师往往主观设计各种教学环节，而认知法却要求教师的备课建立在学生认知的特点上，根据学生认知过程进行教学。

（2）认知法的一个重要特点是反对机械模仿，注重培养学生的创造性思维，鼓励学习和使用外语中的创新精神。为此，认知法要求使学生明确每堂课甚至每一次练习的教学目的，无论是学习语言知识还是技能训练都强调理解其中的内容，使学生能根据教学目标创造性地学习。

（3）认知法的教学重视语法，必要时可用母语进行教学。然而，认知法的语法教学又与语法翻译法不同，它要求通过有意义的练习达到此目的。同时，认知法根据认知心理学的原理，强调教学必须遵循从学生已知、即已经掌握的知识，到未知、即新知识领域的认识过程，它不同于语法翻译法大量使用的演绎法。

3. 对认知法的评价

（1）认知法强调培养学生的创造性思维，这是传统外语教学法的薄弱之处。在外语教学中发展创造性思维和提倡创造性精神不仅能从根本上提高学生的外语水平，而且有利于加强对学生总体的素质教育，符合新世纪对人才的要求。

（2）认知法主张外语学习必须理解语言规则，语言练习必须有意义并结合学生的生活实际，有利于调动学生学习的积极性，也有助于提高使用外语的准确性和得体性，这恰恰是听说法所欠缺的。

（3）使用认知法时，讲解语法必须恰到好处。若费时过多或讲解过于详尽，就可能像语法翻译法一样重蹈覆辙。同时，认知法强调语言练习必须有意义，全盘否定机械操练，在实际教学中并不可行。特别是在初学阶段，一定数量的机械练习是不可避免的。因此，如何处理语法教学和机械操练与有意义练习的比例仍然是认知法需要探讨的问题。

（4）认知法的另一个缺点是未强调培养学生的交际能力。在使用认知法时应多开展课外活动，为学生使用外语进行交际提供更多的条件和机会。

（五）交际法

1. 交际法的产生

交际法的理论基础是社会语言学。社会语言学对语言教学乃至整个语言学界所作的重大贡献之一就是提出了交际能力的概念，使人们对语言和语言能力的认识有了质的飞跃。从历史比较语言学发展到结构主义语言学和生成转换语法理论，虽然对语言内部结构的认识一步步深入，并看到了语言的某些社会功能，但它们都未能将"语言能力"置于使用语言的社会框架中认真加以考察和分析。

1972年，当不少语言学家还陶醉于生成转换语法理论的创造时，社会语言学家海姆斯就对乔姆斯基语言能力的概念提出了挑战。在著名的"论交际能力"一文中，海姆斯认为，离开了使用语言的准则，语法规则是毫无意义的。海姆斯指出，交际能力是语法、心理、社会文化和实际运用语言等能力系统互相作用的结果。随后，英国语言学家韦尔金斯（D. A. Wilkins）于1976年发表了《意念大纲》一书，尖锐地指出了传统语法大纲和情景大纲的局限性，详尽列举了语言交际中的意念（如时间、空间、数量和频率等）和功能（如请求、道歉、同意、许可、赞美、申诉和劝说等）项目。1980年，加拿大的卡内尔（M. Canale）与斯温（M. Swain）在《应用语言学》刊物上发表了长篇论文"第二语言教学与测试交际法的理论基础，系统总结了关于交际教学法理论的探讨与研究成果，并提出交际能力应由以下三个方面能力构成。

（1）掌握语法，包括词汇、词法、句法、词义与语音等方面的知识；

（2）掌握语言的社会功能，指使用语言的社会文化规则与语篇规则；

（3）使用策略，即为使交际顺利进行而采取的语言与非语言交际策略，后经不断充实，具体到怎样开始会话、维持对话、要求重复、澄清事实、打断对方、结束会话等。

尽管这一框架未以发展的观点阐明各种能力的具体内容，但它比较全面地分析了海姆斯的原意，并且很具实用价值，得到应用语言学界的广泛认同。此后关于交际能力的讨论一般都采用卡内尔和斯温框架，采用交际法的外语教学大多以此作为教学大纲的参考。

2. 交际法的教学原则及特点

为了达到使用语言进行交际的目的，交际法强调以学生为主体。在进行教学活动前，必须先调查学生的需要。在教学中根据学生的需要给予大量的语言信息并在每一个环节都让学生充分理解与积极参与。教学大纲采用意念功能大纲。教材使用自然、地道和真实的原文，通常是从各种书籍与报纸杂志节选的文章或电影、电视或电台报道片段等。由于交际法鼓励学生在实际生活中学习使用语言，他们的错误被视为学习过程中出现的自然现象而无须指责。

3. 对交际法的评价

交际法的具体方法十分多样，其基本精神是开展教师与学生之间有意义的对话或讨论，亦称"语言意义的谈判"。上课经常采取两人结成对子的对话、4~6人为一组的小组活动和全班讨论的形式。情景的设计要求尽量真实，当前常采用多媒体手段进行教学并经常邀请说本族语的外国人与学生交谈，甚至辩论。虽然使用交际法时不可能详尽讲解语法，但交际法并不排除语法教学。恰恰相反，它的教学效果常取决于正确处理交际活动与语法教学的关系。如完全取消语法教学，则学生语言质量会显著降低。总的说来，交际法比较适合于外语中级水平以上的学生。

（六）沉默法

1. 沉默法的产生

20 世纪 60 年代，数学教师格特诺（G. Gattegno）根据认知心理学的基本原则提出了这一外语教学法，在 20 世纪 70 年代引起了外语界的注意。

2. 沉默法的教学原则及特点

沉默法与其他外语教学法不同：为了体现学生是学习的主体，教师不应大量"灌注"知识，而应尽量"沉默"；在学生学习外语时，应让他们多听与多思考，在动脑的基础上开口，这是另一种意义的"沉默"。其典型做法是使用图表和涂有各种颜色的小木棒通过启发式教授语音、词汇和语法结构。教师说出一个音素或单词后，先让学生倾听多遍，在学生理解含义后自己开口使用语言。

3. 对沉默法的评价

沉默法的主要弱点是：由于周围环境都是本族语，学生接触的外语比较少，教师的语言、特别是师生对话，是学生获取知识的重要组成部分，教师"沉默"太多使学生失去了很多学习的机会。因此，这一方法一般只用于教学的某一环节，不能长期使用。

（七）提示法

1. 提示法的产生

保加利亚心理治疗学家罗萨诺夫（G. Losanov）根据心理治疗的一些原则提出了这一外语教学法。

2. 提示法的教学原则及特点

它的基本观点是，外语学习是有意识学习与无意识学习结合的过程，必须排除各种心理障碍，特别是消除焦虑、紧张和烦躁等情绪。因此，学生进入课堂时，周围的环境应十分和谐：有令人愉快的图画和音乐相伴。教师注意使自己的态度和语言亲切，以便学生上课时进入最佳的思维与心理状态。

3. 对提示法的评价

罗萨诺夫认为，正是在这种轻松愉快的气氛和无意识之中学生能发挥最大的学习潜力。提示法的另一个长处是重视整体教学，从整体上关注学生的学习，而不拘泥于用某些学习细节限制学生的思维。但是，它要求学生有较强的自觉性，如使用不当，学生容易产生偷懒、语言基础知识掌握不牢固的后果。

（八）社区式语言学习教学法

1. 社区式语言学习教学法的产生

该教学法产生于柯伦（C. A. Curran）提出的咨询教学法。

2. 社区式语言学习教学法的教学原则及特点

这一教学法要求教师不仅注意个别学生的智力和情感等因素，而且将整个班级看成一个集体，重视学生之间的关系与学习需求。该教学法认为学习外语时，特别是在自己努力学习而又遇到挫折时，常受到来自共同学习的同伴们在精神方面的压力，需要通过教师鼓励与协助妥善消除这些消极因素。因此，上课形式不是教师站在讲台上，而是师生围坐在一圈，教师与学生讨论问题十分平等，学生之间关系较融洽，使学生有安全感，自愿加强合作学习。课堂上大部分时间使用外语，但不排除使用本族语，以便让学生完全理解教学内容和练习的意义。

3. 对社区式语言学习教学法的评价

这一方法调动了学生学习的积极性，但对教师的要求很高。片面理解师生平等关系，削弱教师的指导作用，则可能导致学生学不到应有的新知识，能力培养也会受到影响。

（九）全身反应教学法

1. 全身反应教学法的产生

这是 20 世纪 70 年代形成，20 世纪 80 年代初由阿歇尔（James Asher）提出的外语教学法。

2. 全身反应教学法的原则及特点

由于它与直接法有某些相似之处，也被称为新形式的直接法。然而，全身反应教学法有其自身的理论基础。除了以学生为主体外，还强调听解能力的重要性，并且不排除使用本族语，这使其从根本上不同于直接法。教授新课时，教师先让一名学生站在讲台前，根据指令做动作，全班学生反复听教师指令，看该学生做动作。等大多数学生理解了指令的意义后，教师可自己或请成绩好的学生发出相同的指令，并要求全班按指令做动作。由于指令可以派生出无数的句子，因此学生在行动中边实践边学到很多词汇与语言结构。

3. 对全身反应教学法的评价

全身反应教学法能激发学生的兴趣，使他们积极参与学习。但这一方法仅适合小学生初学外语，不能教授复杂的、难度较大的语言项目。

（十）沉浸法

1. 沉浸法的产生

沉浸法的基本方法是将外语教学与大、中、小学的其他课程结合起来提高学生外语水平。早在一些前英国殖民地如印度等地，学校的课程均以英语开设，但当时的教育目标是使当地殖民化。新兴的沉浸法完全不同：它首先出现在加拿大魁北克省的双语教学改革中。由于该省的官方语言是法语，很多以英语为本族语的家长希望学校帮助他们的孩子同时提高英语与法语的水平，在不放弃英语文化的传统的同时熟悉法语语言和文化。加拿大政府遂投入资金和人力进行试验，从幼儿园起便开始用法语上课。根据各校情况，沉浸法采用部分或全部课程用法语上课以及早起点（一进校立即实行）和晚起点（进校几年后实行）等多种形式，同时以英语课配合帮助法语有困难的学生跟上各门课程的进度。由于试行后效果良好，很快推广至全省。此后其他国家也开始试行沉浸法。如匈牙利试行用英语，澳大利亚试行用法语，美国试行用俄语、日语、韩语上各门课程。

2. 沉浸法的教学原则及特点

沉浸法吸取了语言习得与学习的研究成果，主张加大可理解的语言输入量，使掌握外语深入各门课程中，这是使学生学好外语的根本保证。在具体试行中一般应根据外语教学规律，不断创造条件，由个别课程逐步扩大到更多的课程以外语上课。

3. 对沉浸法的评价

沉浸法需要大批高水平的双语教师。如双语属同一语系，例如英语与法语，培养与学生学习两种语言时出现的矛盾比较容易解决；如双语差异太大，例如英语与韩语，则实行时困难比较多。

（十一）整体教学法

1. 整体教学法的产生

与其他教学法不同，它一反自古以来由教师决定从部分到整体进行教学的传统，强调由学生主动参与并遵循内容从整体到部分的教学过程。整体教学法的倡导者认为，长期以来，由于错误地把教学过程理解为只能从部分到整体，致使学生长期"见树不见林"，甚至学完后仍不知事物的整体。然而，语言习得与学习的科研成果表明，只有当学生认识到语言整体时，他们才能认识语言的本质。因此，在外语教学中，应让学生在教师的启发下看到整体，然后逐步掌握教学内容，并且每一部分的学习都应有意义，而不是无意义地机械操练。

2. 整体法的教学原则及特点

整体法主张先用母语讲清楚概念，然后采取师生与学生之间互相交流的形式练习，口语与书面语并重，以达到理解透彻与掌握的目的。

3. 对整体法的评价

整体教学法可用于宏观外语教学中。如专题教学，每一个专题开始时，教师先与学生一起讨论该专题的概况，然后再学习具体内容和词汇、语法和结构等。再比如教授某一语法现象，可先讨论同一大类的特点，再学小类项目。

（十二）基于内容之教学法

1. 基于内容之教学法的产生

以专题为纲的外语教学法初见于 20 世纪 70 年代后期，由澳大利亚克莱兰德

（B. cieiand）和艾文斯（R. Evans）在墨尔本进行的实验，后在澳大利亚移民及难民学校 2~18 岁学生中推行，取得了一定的效果。自 20 世纪 80 年代起，特别是 1986 年莫汉（B. Mohan）所著《语言与内容》一书出版后，美国和其他一些国家的应用语言学者进一步研究了这一教学法，汲取了第二语言习得的科研成果和认知法学习理论经验，使基于内容之教学法在理论基础方面更加扎实，方法更为成熟，在小学、中学、大学和成人教育的外语教学中引起了广泛的注意。

2. 基于内容的教学法的原则及特点

顾名思义，这一教学法不以语法为纲，不以功能意念为纲，而以语言内容为纲，克服了过去教学法仅仅注意语言形式而忽略语言内容的弊病。与沉浸法一样，这一教学法的特点之一是打破了外语学科的界限，与其他学科结合起来共同组织教学。实际上，这也是整体教学法的一种形式。

3. 对基于内容之教学法的评价

基于内容之教学法具有较强的生命力，主要因为它是多学科综合的产物。例如，教学内容为"环境保护"的专题，将物理、化学、生物课的有关部分结合起来，用外语教学。外语课仍然有语音、词汇和语法结构等项目，但它们与环境这一内容紧密结合，物理、化学与生物部分均用外语进行教学。这比沉浸法又进了一步，因为沉浸法只是用外语上某一门课，而基于内容之教学法已重新组合了学科，其改革步伐更大。正是由于其综合了多种学科，因而围绕该专题的外语词汇和语法结构更丰富，重复率更高，更便于学生学习，教学效率也更高。当然，这样做必须有一定的基础。一是应有一个总体改革的方案，精心设计，不断总结经验；二是要有符合要求的教师；三是学生必须有这方面的充分准备。否则，不仅外语教学质量无法保证，其他学科的教学质量也会出现问题，这是各方都无法接受的。目前世界上使用这一教学方法也只是处于试验之中。

（十三）翻转课堂

1. 翻转课堂的产生

随着现代教育技术的兴起和发展，2000 年在美国逐渐兴起新的课堂教学模式。2006 年美国人萨尔曼·可汗（Salman Khan）首先尝试创建了可汗学院，相继在网站上放置了 2 300 多段免费视频课程，有 5 400 万学生通过网络参与他的课程学习。2012 年，翻转课堂教学模式被世界教育界所瞩目，我国的英语教学也开展了导入翻转课堂教学模式的尝试。

2. 翻转课堂教学法的原则及特点

翻转课堂教学法是在信息化环境中，课程教师提供以教学视频为主要形式的学习资源，学生在上课前完成对教学视频等学习资源的观看和学习，师生在课堂上一起完成作业答疑、协作探究和互动交流等活动的一种新型的教学模式。采用翻转课堂教学模式，教学形式由传统的教学流程"教师课堂讲解+学生课后作业"翻转成"学生课前学习+师生课堂探究"。在这一颠覆性教学模式下，教师和学生的角色也随之发生了相应的转换，教师由"讲台上的主导者"成为"学习的指导者"，学生由"被动学习者"转变成"主动学习者"。在翻转课堂上，学生需要根据学习内容反复地与同学、教师进行交互，以扩展新知识，因此，翻转课堂是一个构建深度知识的课堂，需要学生的高度参与，学生是这个课堂的主角。

3. 对翻转课堂教学法的评价

翻转课堂教学法借助网络开展教学，制作教学信息明确、内容短小精悍的视频短片和可供学生随时复习、随时学习，还可供教师随时监控学生学习的网络资源包；能重构学生学习流程，帮助学生有效完成二次知识内化；增强师生以及学生间的课堂互动；帮助繁忙的学生不漏课，实现自主学习和个性化学习；让教师更加了解学生，改变教师管理课堂的方式。与传统课堂相比，翻转课堂有许多优势。但是，翻转课堂对学校教学的软硬件设置情况要求比较高，教师制作网络资源包要花费大量的时间和精力；尤其是技能型课程需要通过教师与学生面对面地进行思想交流、观点交锋、情感沟通、语言交际才能完成。面对面教学正是传统课堂的优势，翻转课堂教学模式更重视学生的自我学习、自我体验，教师的责任是协助指导。在师生思想交流和观点交锋方面，翻转课堂教学模式会弱于传统教学。因此，尽管翻转课堂教学模式已经引起广泛关注，但是其普遍使用还需要假以时日，目前只是在探索过程中。

从以上的讨论中可以看出，以语法翻译法、直接法和听说法为代表的传统外语教学法虽然在方法上各不相同，但是，它们的共同特点是从语言内部结构的某一方面来认识语言和处理语言教学。

与此形成鲜明对比的是，以认知法和交际法为代表的当代外语教学法立足于心理语言学和社会语言学对语言本质的认识，从语言的心理和社会属性出发，根据学生学习外语的规律，注重培养他们创造性思维、健康的学习心态和语言交际能力。这样的方法比较符合信息时代对外语人才的要求。

另一方面，使用认知法和交际法又不能走极端。培养创造性思维并非排除必要的记忆与模仿，发展交际能力也不意味着一味地排斥语法与机械操练。目前国内外在探讨全面认识与使用认知法和交际法方面已较成熟。不少学者提出应采用折中法，即博采众长，根据每一阶段的教学目标灵活使用各种方法，受到很多外语教学者的欢迎。但是，在采用折中法的实践中也出现过一些问题，主要表现在：有时经验主义占了上风，在"折中法"的旗号下，外语课不知不觉又回到了传统教学方法上；有时"折中法"变成了失去理论基础的大杂烩，或非驴非马，不能达到既定的教学目标，这是使用折中法时要注意防止的倾向。

第二章 日语课程

第一节 日语课程概述

一、什么是课程

课程是指学校学生所应学习的学科总和及其进程与安排。广义的课程是指由课程标准、教材、其他学习材料、教师和学生、教育环境等构成的一个生态系统，是学校为实现培养目标而选择的教育内容及其进程的总和，它包括学校教师所教授的各门学科和有目的、有计划的教育活动。狭义的课程是指某一门学科的学习方案。

教育理论对课程的内涵曾经有如下阐释：

1. 课程即教材。课程内容在传统上历来被作为要学生习得的知识来对待，重点放在向学生传递课程知识这一基点上，而知识的传递是以教材为依据的。所以，课程内容被理所当然地认为是上课所用的教材。这是一种以学科为中心的教育目的观的体现。教材取向以知识体系为基点，认为课程内容就是学生要学习的知识，而知识的载体就是教材，其代表人物是夸美纽斯。

2. 课程即活动。这种课程观的主要代表人物是杜威。杜威认为"课程最大流弊是与儿童生活不相沟通，学科科目相互联系的中心点不是科学，而是儿童本身的社会活动"。通过研究成人的活动，识别各种社会需要，把它们转化成课程目标，再进一步把这些目标转化成学生的学习活动。这种取向的重点是放在学生做些什么上，而不是放在教材体现的学科体系上。以活动为取向的课程，注重课程与社会生活的联系，强调学生在学习中的主动性，是一种探究性的教学。

3. 课程即经验。在泰勒看来课程内容即学习经验，而学习经验是指学生与外部环境的相互作用课程现场，他认为"教育的基本手段是提供学习经验，而不是向学生展示各种事物"。这种观点强调学生是主动参与者，学生是学习活动的主体，学习的质和量取决于学生而不是课程，强调学生与外部环境的互相作用。教师的职责是构建适合学生能力与兴趣的各种情境，为每个学生提供有意义的经验。

课程即教材、有组织的活动、学习经验的观点，在一定程度上揭示了课程的内涵。但是，我们必须对课程概念做进一步的分析，才能正确认识课程的本质。

第一，课程文件是课程的预期和指导。

课程是依据各级各部门颁布的各类课程文件实施的，如课程计划、教学大纲或课程标准等。它们既是学生学习的依据，也是教师行动的依据。但是，课程文件终究是对学生的学习和教师的教学所做的期望、设计或规定，是处于设计、设想的状态，并不是教育情境中或课堂里实际发生的教育者的行动或学习者的实际学习行为，也不是实际发生的教育结果。如果将课程的本质界定为各种载体，则课程是一个预期的或期望实现的计划或方案。因此，当我们对学生实际的学习结果进行测量与评价时，我们评价的只是教材、教学大纲、课程计划等课程载体，而非对课堂中实际发生的教师行为和学生学习行为所进行的观测和考察，尽管这对课程评价来说是与课程密切相关的、最必要的信息。所以，课程载体就是反映课程本质的观点会导致课程评价背离评价的最终目标。因此，课程文件只是课程的预期、指导，不是课程本身。

第二，课程的载体所规定的是"学习方案"。

课程计划、教学大纲或课程标准等课程文件，以及教科书都属于课程的载体，但这些材料中设计或规定的，更多还是针对学生的学习行为。如在课程计划、教学大纲或课程标准中主要规定了期望学习者发生哪些变化或获得哪些素质（具体达到什么要求），为学习者选择哪些学习内容以及如何组织；在教科书中则为学习者选择了具体的学习内容，设计了各种具体学习活动等。尽管这些规定或设计对于教师的行动方案具有决定作用，教师的行动计划基本上是根据所规定的学生学习计划来进行的，但教师的"教"和学生的"学"二者毕竟不是同一个客观存在。而且对于教师如何行动才能促进学生学习这些内容并达到所期望的目标，也不是课程计划、教学大纲或教科书等的重点。可见，各种课程载体所规定的，更多还是针对学习者的学习方案。

第三，课程是学习者的学习方案。

学习方案是实现教育目的的基本保证。不通过学习，受教育者不可能有任何其他途径获得教育目的所期望的各种素质或特征；不设计学习方案，教育目的的实现就成为无稽之谈。教育者的行动计划或教授方案，其根本目的、任务或作用，就是促进所设计的学习方案的实现，从而保证教育目的的达成。在实际开展的教育行动中，教育者依据行动计划或教授方案，对学习者施加刺激、作用和影响，以促进学习者能够从事先设计的学习方案中预先了解各种学习活动，从而产生期望的变化。因此，学习方案在整个教育活动中具有核心的地位。在教育行动中，学习者的学习是核心，是一切教育工作围绕的中心，一切教育上的努力都无非是为了促进学习者的学习；在教育计划中，学习方案的设计是核心工作，其他计划都是围绕着这一核心开展的。

就整个教育过程而言，在实际开展的教育行动中，学习者从事什么样的学习活动，其学习质量和效率如何，关键取决于（并不是完全受制于）计划阶段所设计的学习方案。因此，学习方案在整个教育过程中具有核心地位。从这个意义上来看，把"学习方案"这一教育过程中的客观要素单独拿出来，冠以"课程"的名称以示突出，也便于人们对其进行集中研讨，同时，这也更加符合"课程是教育的心脏"这一判断。正确理解课程本质，还要明确以下几个问题：

第一，课程教材开发与课程管理要精致。

课程并非是一般意义上的学习内容，而是在特定理念支持下，经过严格选择和组织的课程内容，这些内容和形式一旦确定就不能随意改变，这是因为课程乃是教育精致化的需要。

20世纪初，随着人类知识总量飞速增长，对教育内容的精致化挑选提出了更高的要求；同时，越来越复杂而完善的教育制度也对教育内容精致化提出了要求，并提供了制度保障；简单地拼凑一些内容不能满足学习者对教育本身的要求，这就促使教育者对所授内容应进行严肃思考。因此，在实际工作中需要注意避免发生例如：教材编写时的拼凑行为；教材选用时依靠教师个人的好恶，有时甚至打上了利益的烙印；专业课程计划的讨论不严密、不深入、不慎重；课程设置缺乏国家或地方层面的标准，可以任意增减等等情况的出现。课程建设必须严谨认真。

第二，课程建设也是教师的责任。

课程建设不仅仅是教育管理者的工作和责任，也是教师的责任和义务。许多一线教师们往往对课程专家提供的课程开发方法与严格要求不理解，认为课程就是挑选一些供学生学习的知识，教师只要负责按照教学大纲、教材讲授知识就可以了，不必如此烦琐地宏观了解课程问题。但是，课程建设与教师息息相关。

1. 教师是课程理念的提出、推动和开发者。教学理念不会凭空产生，而是从实践中得来的。到底什么样的课程、什么样的理念更能指导教学，什么样的课程最有利于学生，直接参与教学和研究教学的教师是最有发言权的。在不断的教学过程中，形成创意，然后不断发展，推动形成理念，最后形成课程开发出来。

2. 教师是课程的研究与撰写者。课程的生成与编写只有体现教师的参与性，才能更加有效地指导课堂教学，因为课程最后是要通过教师实施的，课程是否能够有效实施教师是最有发言权的。因此，课程的编写需要教师的智慧和参与。

3. 教师是课程的直接实施者。教师研究分析课程，结合学生的实际情况编写教案，让课程的理念和知识能够有效落实。

4. 教师是课程的评价和评价机制的促进者。教师通过课程的实施，对课程和课堂教学提出评价，经过不断完善，最终形成课程和课堂教学的评价机制。

总之，从课程的提出开发、研究撰写到实施评价，教师都发挥着重要的作用，教师的参与体现在课程的各个环节中。

第三，要承认教师课程教学的创造性。

事实上，教师对课程的实施必须是创造性的，因为课程要得到有效实施，一方面需要教师根据课程标准和教材实施要求填补一些内容，另一方面课程中一些不符合实际之处也必须及时得到修正。而且，教师修正课程也是课程管理组织赋予的权利，只是这种权利的范围受到限制，这并非是对教师创造性的束缚，而是课程的本质所在。

如果将课程只看作是课程文件、教材，课程改革就成了重新挑选课程内容、编写教材，或是如何实施新课程的活动。课程是为实现一定的教育目的而设计的学习者的学习计划、学习方案、学习过程以及所获得的学习结果。根据这一理解，在课程这一方案或计划中，核心的问题是"学习"——课程的目标就是方案中所确定的学习目标，课程的内容就是方案中所择定的学习内容，课程的组织就是方案中所设计的学习方式，课程的实施者是教师，课程的主体是学生。

二、课程的基本概念

（一）教学计划、教学大纲、课程标准、课程方案

1. 教学计划

教学计划包含以下两层含义。

（1）通常指学校和教师对教学工作的设想和安排。一般有学年或学期的教学进度计划、教材的单元教学计划及一节课的教学计划等。

（2）等同于课程计划，指国家教育行政部门根据一定的教育目的和培养目标制定的各级各类学校教学和教育工作的指导性文件，它具体规定着学校应设置的学科、各学科的教学顺序和各学年的教学时数，并全面安排学校的各种活动。这里探讨的教学计划属于后者。

2. 教学大纲

指国家教育行政部门规定学校各门学科的目标任务、教材纲目和教学要点的指导文件。它以纲要形式规定着各学科的知识、技能、技巧的范围和结构，体现着国家对各科教材与教学的基本要求。

教学大纲一般由说明与本文两部分组成，前者扼要说明本学科的教学目的与任务、选择教材的主要原则与依据、教学方法的建议等；后者具体列出本学科教

材的篇章节目、内容要点、上课时数、实际作业（实验、练习、实习）的内容与时数以及其他教学活动的时数等。

3. 课程标准

指确定一定学段的课程水平及课程结构的纲领性文件。

课程标准一般包括课程标准总纲和各科课程标准两部分。课程标准总纲是对一定学段的课程进行总体设计的纲领性文件，规定着各级学校的课程目标、学科设置、各年级各学科每周的教学时数、课外活动的要求和时数以及团体活动的时数等；各科课程标准是根据课程标准总纲，具体规定各科教学目标、教材纲要、教学要点、教学时数和编订教材的基本要求等。1952年后，课程总纲改称为"教学计划"；各科课程标准改称为"教学大纲"。

4. 课程方案

与课程总纲、教学计划、课程计划同义，在国内外的有关课程文献中，间或有人使用这一术语。

在以上几种概念中，"教学计划""教学大纲"由苏联引进，是从俄语直接翻译过来的。从1952年开始一直沿用至今。"课程标准"实际上是在我国使用最早的一个概念。1912年1月，中华民国教育部公布《普通教育暂行课程标准》，之后曾长期沿用这一概念。中华人民共和国成立初期也曾颁布过小学各科和中学个别科目的课程标准（草案）。目前我国台湾的中小学仍使用课程标准一词。课程标准是我们本民族长期使用过的一个固有概念，而教学计划、大纲则是舶来品。并且，教学计划在使用过程中还容易出现歧义，让人误解为教师的教学进度计划。1986年我国颁布了九年义务教育教学计划，正式用"课程计划"取代了"教学计划"，但"课程计划"一词仍不规范，是一个过渡性概念。2000年我国开始了新一轮课程改革，教育部于2001年、2003年先后颁布《全日制义务教育阶段各学科课程标准》和《普通高中阶段各学科课程标准》，以课程总纲和分科课程标准分别取代教学（课程）计划、教学大纲，提高了术语的科学性。

（二）课程设置、课程编订、课程规划、课程设计

1. 课程设置

是指各级各类学校开设的教学科目和各科的教学时数。研究课程设置的结果，只能产生教学计划，不能产生教学大纲和教科书。

2. 课程编订

是指研究、实验、编辑审订学校课程的全过程。课程编订的结果包括教学计划、教学大纲和教科书。课程编制、课程研制与课程编订基本同义，可以交替使用。

3. 课程规划

是指教育行政部门对学校课程编制工作的宏观考虑、组织和安排，包括确定课程范围、选择参加课程编订的人员、提供必要的研究条件和其他方面的组织领导等。

4. 课程设计

是指学科专家、教育理论专家等专业人员对学校课程的专门研究，包括分析课程目标，确定课程类型（例如，是采用学科课程还是综合课程、活动课程或核心课程），研究教材选择的范围及其排列顺序和教学时数等。

（三）教育目的、培养目标、课程目标、教学目标

1. 教育目的

是指国家根据社会政治、经济的要求及人自身发展的需要确定的培养人的总目标和教育工作的总方向，它规定着把受教育者培养成为什么样的人的根本性问题。与教育方针基本同义。

2. 培养目标

是根据国家教育目的或方针制定的各级各类学校的具体培养要求。

3. 课程目标

是指学校课程本身要实现的具体目标，对一定教育阶段的学生在发展品德、

智力、体质等方面期望达到的程度，实际上也就是学校培养目标的具体化。一般包括学科目标、单元目标和课时目标三个层次。在我国，课程目标一般由国家统一规定。

4. 教学目标

由学校或教师确定的一定教学阶段所要达到的教学要求，它具体包括学期目标、单元目标和课时目标。教学目标通常由教师依据国家规定的课程目标确定。

（四）显在课程、潜在课程、正式课程、非正式课程

1. 显在课程

亦称"正式课程""官方课程"，与"潜在课程""非正式课程"相对。指为实现一定的教育目标而正式列入学校课程计划的各门学科及有目的、有计划、有组织的课外活动，按照编制的课表实施。

2. 潜在课程

亦称"隐蔽课程"或"非正式课程"，与"显在课程"相对。它是广义的学校课程的组成部分，主要特点是潜在性和非预期性。它不在课程计划中反映，不通过正式的教学进行，通常体现在学校和班级的情境之中，包括物质情境（如学校建筑、设备），文化情境（如教室布置、校园文化、各种仪式活动），人际情境（如师生关系、同学关系、校风、班风、教师态度等）。通过这些情境对学生的知识、情感、信念、意志、行为和价值观等方面起潜移默化的作用，促进或干扰教育目标的实现。需要指出的是，由于"潜在课程"这一概念非常宽泛，目前学术界对之也尚无定论，因此使用这一概念时应持慎重态度。

（五）必修课、选修课

1. 必修课

是指根据课程计划的统一规定，所有学生必须修习的课程。

2. 选修课

是指依据不同学生的特点与发展需要，允许个人选择修习的课程。从不同的

角度，可以将选修课划分为不同的种类：

（1）从开设形式上来看，可划分为单科性选修和分科性选修两类。单科性选修指对某门课的选修，分科性选修指侧重于文科课程或侧重于理科课程的选修，分科性选修又称为多科性选修。

（2）从学习要求上来看，可分为限定选修课和任意选修课。

（3）从内容上来看，一般可分为三类：学术性选修课、技术性选修课和趣味性选修课。其中学术性选修课在实践中往往又包含两种类型：一种是高深类学术选修课，另一种是拓宽类学术选修课。

所谓高深类学术选修课，是为提高或加深相应的必修科目的程度而开设的，目的是使学生对相应必修科目的基础知识的理解更深厚、更扎实。这一类选修课的名称一般与相应的必修课的名称相同，但是内容加深、程度提高。例如基础日语1、2、3、4和高级日语1、2是必修课，高级日语3、4则作为选修课。必修课是基本要求，选修课是较高要求。

所谓拓宽类学术选修课，是为介绍各种综合性的基础科学、科学史知识、科学研究方法论，以及最新的科学成就而开设的选修课。这类课程可以采取综合课程、核心课程等形式开设。

三、课程结构及课程设定原则

课程结构是指课程各部分的组织和配合，即讨论课程各组成部分如何有机地联系在一起的问题。一般来说，采用各种划分标准都可以覆盖全部课程，例如"必修课+选修课""分科课程+综合课程""学科课程+活动课程"，总和就是课程结构中的所有内容。

必修课是由国家、地方或学校规定，所有学生必须修习的课程。选修课是指为适应学生兴趣爱好和劳动就业的需要而开设的、可供学生在一定程度上自由选择修习的课程。一般来说，选修课的内容可以是知识方面的，也可以是技艺方面的或职业技术方面的。选修的方式可分为两种：一种是指定选修课，把有关选修课分成几组，规定学生必须选修其中一组或在各组中选修一二门课；另一种是任意选修课，让学生自由选择，甚至可以跨年级选修。选修课的开设要遵循由低年级到高年级逐渐增多，但要控制在一定范围内的原则。

活动课主要指兴趣小组、班团活动、课外辅导等，是学生在教师指导下获得知识技能的途径之一，也是促进学生心理发展的途径之一。它对调动学生的积极性、主动性，培养学生解决实际问题的能力和创造性精神，培养兴趣特长，丰富学生的精神生活，形成学生的思想品德，促进学生个性发展等，起着重要作用，因而越来越受到重视。社会活动课是为了让学生更好地了解国情、了解社会，同时培养学生活动能力而安排的走出校门的社会实践活动，是学习课程结构中的一个必要组成部分。

一般而言，在内容和时间上，要以必修课为主，侧重基础课。顾全社会需求和学生特点，开设一定比例的选修课，并把课外活动和社会实践活动也纳入课程计划中，对学生的全面发展有益。

教育部新一轮课程改革的一个重要举措就是减少课堂教学时数，增加实践教学课时量。按照规定，各高等院校日语专业的专业课程时数要控制在 2 700～2 900 学时，比过去减少约 1 000 学时，同时，实践课程比例大幅度提升。课时结构的改革，导致各高校日语专业的课程改革都遇到了瓶颈问题——课程如何设置才能既保证完成教学内容，又保证人才培养质量，这其中最关键的问题，一是技能类、知识类、素养类学科以何种比例为宜。二是必修课、选修课、活动课、社会实践活动之间如何协调。三是如何对 2 800 左右学时的专业课程进行分类，找出其典型模式。这就是课程结构要解答的问题。

在一个专业的课程体系中，如何选择和决定课程科目和课时、选修和必修种类、开设顺序，是一个复杂的工程，需要遵循如下原则：

1. 处理好直接经验和间接经验的关系

日语学习既是知识的学习，也是技能的学习，课程本身是以间接经验形式存在的，但是学生需要具体参与实践才能完成"从概念到经验"的转变。直接经验不仅是感性经验，还可以发展到更高层级的认识水平，所以鼓励学生积极参与语言实践不能仅停留在课堂练习、课外活动，更要体现在课程设置上，改变既有的课程传统，协调好知识传递课程与实践性课程的关系，这样将更有效地提高学生的发展水平。这个原则体现在日语课程建设上，就是合理设置实践型课程、知识型课程，改变"只有教学过程重视实践，课程设置轻视实践"的现状，让学生在实践中成长。

2. 处理好人文主义与科学主义的关系

人文主义课程或者课程中的人文主义主张：在课程的目的上，重视人，崇尚个性；在课程内容上，提倡广泛的课程范围；在课程的实施过程中，充分地尊重、热爱学生。人文主义课程观就是"课程的功能是要为每一个学习者提供有助于个人自由发展的、有内在激励的经验"。科学主义的课程主张：在课程目的上，强调科学本身的价值和力量，课程要为科学的发展服务；在课程内容上，提倡和推崇科学，重视各门科学知识在学校教育课程体系中的地位，不断增加科学内容，吸收科学发展新成就；在课程实施上，对于方法和形式同样讲究科学性和效率，即使关注学习者的个体兴趣、爱好、差异，也是从获得好的学习成果出发，而不是从学习者的个性发展需要本身出发。近几十年来，我国的课程设置中还存在着"科学主义课程影响较大，但科学精神苍白；人文主义课程呼声较高，但是没有真正占上风"的现状。因此，课程改革的一个重要任务不是要克服某一方面的弊端，也不是仅仅协调好二者的关系，而是要在两个方面都要进行"基本建设"，在课程中同时加强人文精神和科学精神。在日语课程建设方面，需要加强专业知识的科学选择、传递，更要关注学生个性化成长需求和人文素养的提升。

3. 处理好知识和能力的关系

知识与能力之间存在着相互联系和统一的关系，一定的能力是知识获得的必要条件，一定的知识是能力形成和提高的基础；知识与能力之间又存在着相互独立性，知识是概念和理论系统，能力是心理机制，知识的量的积累不是会导致能力提高的必然条件，能力的形成除与知识相关外还有自己的规律和特征。课程要在学生获得知识的同时培养他们的能力，必须选择那些具有较高智力价值的知识，并且，必须讲究知识获得的方式。就智力发展的过程来说，内部动作和外部动作同样不可缺少。课程不应该只是理论、概念、规则的"说明书"，而是要留有余白，规范地引导学生改变学习方式，进行各种主动的学习，促使他们积极地形成概念、发现规律、总结方法和法则，并在这一过程中真正地把知识和能力统一起来。

4. 处理好个人与社会的关系

教育和课程自产生之日起，就存在着"作为受教育的个体的兴趣、爱好、潜力的自由发展，与特定的社会条件对人的需求"的关系。社会本位的课程思想服务于培养忠于国家公民的需要；个人本位的课程思想主张"教育应以个人的天性发展为目的"。从历史上看，社会本位的课程更多地成为主流，而社会进步的标志之一在于对个人价值的承认、个人享有自由和权利的增加和个性发展的理想逐步实现。因此，课程改革的目标是强化个人本位的课程思想，改变课程"大一统"倾向，满足学生不同需求，增加课程弹性，加速课程多样化等。体现在日语教学中就是增加选修课程，为学生提供更多的发展空间和机会。

5. 处理好分科与综合的关系

课程的分科和综合在不同历史阶段有不同的意义。古代课程偏重综合，近现代课程重视分科，当代课程有向综合化发展趋势。划分分科还是综合的界限不仅在于课程内容上，更在于课程的目标与追求。分科课程追求的是学生掌握不同门类的理论知识及其系统，不强调独立课程外的知识间相互联系。例如，日本文学史课程忽视日本的历史背景，只从文学流派发展过程设计课程。综合课程突出和强化的是课程之间的联系，能够让学生全面、整体认识各学科之间的内在联系。分科课程和综合课程有各自的独立价值，但是二者的联系是绝对的，独立是相对的，分科的彻底取消和分科的唯一论都不可取，缺乏综合和缺乏限制的综合一样不适当。就课程和学习者的认知而言，同时包括分科和综合的课程设置才是合理的。就日语课程改革而言，增加课程的综合化、发展一体化课程是改革的重要任务之一。

综上所述，针对高校日语专业的课程改革，我们提出了课程设置的基本原则。至于专业必修课、选修课的制定等具体问题，还需要依据对学生的研究，对当代社会生活的研究，对学科的研究，根据人才培养的目标，科学合理地设定课程。

四、高等院校日语专业课程类型

2013 年教育部对高等院校课程改革提出了新的要求，提出要围绕教学目标设立课程，要坚持知识、素质、能力的统一，突出核心课程，开设特色课程。在人才培养目标上，提出了要培养在世界舞台上具备跨文化交际能力人才的目标，具体来讲就是：能运用日语获得最新信息，能运用日语学习最新知识，能通过日语进行跨文化交际，能运用日语教学商务、旅游，能运用日语开展科研和创新，不一定专门从事与日语相关的工作。为完成这些目标，需要设置相应的课程，构建合理的课程体系，凸显不同培养目标下的课程特色，培养不同规格的特色人才。研究日语课程类型的目的在于使日语课程结构和课堂教学更加规范化、标准化、体系化，从而促进教学质量的提高。

（一）按照教学目标要求划分

按照《高等院校日语专业教学大纲（基础阶段和高年级阶段）》中关于教学目标要求的规定，将课程划分为日语语言文化知识型课程、技能型课程和专业特色型课程、人文素养类课程。

知识型课程主要包括：基础日语和高级日语（这两门课程也可以统称为日语精读课程或综合日语课程）、日本概况（日本国情、日本地理、日本历史、日本文化、日本民俗风情）、语言学课程（语音学、语义学、日语语法、日语句法）、日本文学课程（日本文学史、日本文学作品赏析）等。

技能型课程主要包括：听说课程（听力课程、会话课程）、阅读课程（报刊选读、文学选读、日语泛读）、写作课程（日文写作、论文写作）、翻译课程（翻译理论、日译汉实践、汉译日实践、文学翻译、科技翻译、同声传译）等。

专业特色型课程主要包括：商务日语（商务日语口语、商务日语写作、日语公文写作、日语商务礼仪等）、科技日语（科技日语会话、科技日语写作、科技日语翻译等）、旅游日语（导游日语、旅游日语听说、旅游日语公函）、日语簿记（日本会计等级考试、日语）、计算机日语、日语教学法、日语教师职业技能训练等等。

人文素养类课程：汉语（现代汉语、大学语文）、中国文学（中国文学赏析、中国文学史）、文化学（东西方比较文化、文化学、文化心理学）、哲学、教育学、心理学等。

(二) 按照教学类型划分

1. 按学生从掌握日语知识、技能到熟练的过程划分

讲授（新知识）课、巩固课、复习课、考试考查课。

2. 按语言知识划分

语音课、词汇课、语法课、课文解读课。

3. 按言语活动划分

视听课、会话课、阅读课、写作课、翻译课。

上述分类不是绝对的，而是互有交叉。比如语音、词汇、语法课中，既有讲授新知识又有巩固旧知识的因素。

日语课是工具课，学习这门课的最终目的不只是学知识，还要掌握听说读写的外语技能。学习日语由理解语言知识到形成熟练的技能是一个过程，而促进这个过程发展的动力是实践练习，这是划分课型的重要根据。为了突出实践练习这一特点，日语课没有单纯讲授新知识的课。此外，对课型分类时还应考虑授课的目的，把某一堂课划分为什么课型，授课目的是重要根据之一。根据日语课是以练为主的工具课的授课目的，日语课堂教学常见的课型主要是：讲练课、练习课、阶段复习课。

第二节　日语课程标准与教学大纲

我国于 2001 年、2003 年颁布了义务教育阶段和高级中学阶段的课程标准，高等院校日语专业的课程标准尚未颁布，目前执行的纲领性文件是基础阶段和高年级阶段的教学大纲。因此，在本书中，对课程标准的讨论仅以初、高中阶段为

例展开，对教学大纲的讨论以高等院校日语专业为例展开。

一、初高中阶段的课程标准结构

国家颁布的课程标准主要分为前言、课程目标、分级标准、实施建议和附录几个部分。

前言对日语课程改革的背景（日语教育面临的时代挑战及改革与发展的趋势、日语教育对学生发展的价值和意义）、课程性质、基本理念和课程设计思路进行说明。

课程目标包括总体目标和分级目标，其中义务教育阶段为一至三级，高中阶段为四至六级。总体目标为培养初步的（义务教育阶段）和基本的（高中阶段）综合语言运用能力，为学生的终身学习和发展奠定基础；分级目标按一至六级分别描述学生在各个级别能达到的目标。分级标准从语言知识、语言技能、文化素养、情感态度和学习策略几个方面分级别描述学生经过学习能达到的目标。

语言知识包括语音、词汇、语法，语言技能包括听、说、读、写，文化素养包括文化背景知识、言语行为特征和非言语行为特征，情感态度包括兴趣动机、自信意志、合作精神、祖国意识和国际视野，学习策略包括认知策略、调控策略、资源策略和交际策略。其中，对"语言技能"提出一至六级标准，以体现学生语言技能发展的渐进性；对语言知识、文化素养、情感态度和学习策略分别提出义务教育阶段一至三级和高中阶段四至六级标准，以体现教学内容的灵活性。

实施建议分为教学建议、评价建议、教材编写建议和课程资源开发与利用建议。教学建议和评价建议先明确注意事项，然后从语言知识、语言技能、文化素养、情感态度和学习策略五个方面提出具体建议。

教材编写建议在提出总体要求的基础上，规定了须遵循的四项原则：思想性原则、科学性原则、趣味性原则和灵活性原则。

课程资源开发与利用建议说明了课程资源包括有形资源和无形资源。有形资源主要指直接用于课堂教学的教材、有利于学生学习日语的课外学习材料及相关设施；无形资源主要指学生的学习和生活经验。其中，教科书是日语课程资源的核心部分，要求学校在教育主管部门的指导下，选择经过全国中小学教材审定委员会审查通过的日语教科书，保证课程标准的贯彻实施。同时，可以适当选用国内外优秀教学资料，用以补充和丰富课堂教学内容。

二、初高中阶段的课程标准特点

2001 年我国颁布的《基础教育课程改革纲要（试行）》明确指出：课程标准是教材编写、教学、评估和考试命题的依据，是国家管理和评价课程的基础。2001 年和 2003 年出版的《全日制义务教育日语课程标准（实验稿）》和《普通高中日语课程标准（实验稿）》是在世纪之交，国务院颁布关于基础教育改革与发展的决定并进一步明确"加快构建符合素质教育要求的基础教育课程体系"任务背景下研制的。其基本特点是：

1. 注重社会主义核心价值体系在日语学科中的渗透，突出日语课程本质属性，强调语言的工具性和人文性及其在日语课程中的体现，这在历次日语教学大纲和课程标准中尚属首次。

2. 在课程理念上注重日语课程的价值追求，每一条理念都力求对日语课程发展具有比较普遍的指导意义。例如，《高中课标》遵照国家基础教育课程改革的精神，在义务教育的基础上继续贯穿素质教育，提出六条基本理念：①重视共同基础，构建发展平台；②提供多样选择，注重人生规划；③精选课程内容，鼓励实际运用；④优化学习方式，促进自主学习；⑤改善评价体系，促进学生发展；⑥利用现代技术，开发课程资源。其中，"提供多样选择，注重人生规划"是根据高中学生的特点特别提出的。

3. 日语课程目标的确立采用国际通用的分级方式，按能力水平设定为六个级别。旨在体现不同年龄段学生的学习需求及日语课程的整体性、灵活性、开放性和发展性。

4. 课程内容强调情境学习、活动学习，通过围绕话题完成交际性任务等形式培养综合语言运用能力。综合语言运用能力的形成不仅需要掌握语言知识和语言技能，提高文化素养、陶冶情操、运用有效的学习策略也是培养这种能力不可缺少的。

5. 课程标准倡导以学生为主体，尊重个体差异，提倡任务型教学模式，重视学习过程。同时，致力于建立新的课程评价体系，主要体现在评价主体多元化、评价方式多样化、评价目标多层次等方面。

6. 提出教材编写建议，提倡广泛利用和开发课程资源等，在这两个方面比以往的教学大纲有较大突破。

这一课程标准不仅是对教学内容，特别是知识点的具体规定，还对学生经过一段学习之后其结果的行为描述，范围涉及一个完整个体发展的三个方面：知识与技能、过程与方法、情感态度与价值观。课程标准不是最高要求，而是面向全体学生共同的、统一的基本要求；课程标准隐含着教师不是教科书的执行者，而是课程的开发者；课程标准是课程质量的主要标志，统领课程的管理、评价和督导。

从"教学大纲"到"课程标准"不仅仅是改变名称和调整文本结构，更是一个充满探索、创造和建设的改革实践过程。日语课程的整体设计思路从知识与技能、过程与方法、情感态度与价值观等方面规定课程的目标和内容，从义务教育阶段起，建立一个以学生发展为本、系统而循序渐进的日语课程体系。这一课程体系将培养学生综合语言运用能力定为总目标，而这种能力的形成建立在学生的语言知识、语言技能、文化素养、情感态度和学习策略综合发展的基础之上。其中，语言知识和语言技能是围绕话题运用日语开展交际性活动的基础，文化素养是实现得体交际的前提，情感态度是影响学生学习和发展的重要因素，学习策略是提高学习效率、发展自主学习能力的重要保证。这五个方面相辅相成，共同促进学生综合语言运用能力的形成与发展。

三、高等院校日语专业教学大纲的结构

教学大纲是指学校每门课程的阶段性教学纲要。其中包括教学目的、教学要求、教学内容以及讲授和实习、实验、作业的时数分配等，是根据教学计划，以

纲要形式规定一门课程教学内容的文件，它包括这门课程的教学目的、任务、教学内容的范围、深度和结构、教学进度以及教学法上的基本要求等。有的教学大纲还包括参考书目、教学仪器、直观教具等方面的提示。列入教学大纲的教材具有广度和深度（一般应是学生必须达到的最低标准）。教学大纲是选择或编写教科书、教师进行教学的主要依据，也是检查和评定学生学业成绩和衡量教师教学质量的重要标准。

我国于 2001 年颁布了《高等院校日语专业基础阶段教学大纲》和《高等院校日语专业高年级阶段日语教学大纲》，分别规定了日语专业 1、2 年级（基础阶段）和 3、4 年级（高年级阶段）的教学目标、教学内容、教学原则、教学评价以及有关教学的几个问题，为制定基础阶段、高年级阶段的教学计划、教材编写、测试评估提供了依据。

（一）基础阶段教学大纲的结构

主要包括教学对象、教学目的、教学安排及教学时数、教学内容、教学要求、教学原则以及其他相关问题和测试等方面内容。

教学对象部分，明确指出了是以零起点学习日语的学生为教学对象。

教学目的部分，以为高年级阶段学习打基础为宗旨，从掌握日语基础知识和听、说、读、写的基本技能，培养实际运用语言的能力，丰富学生的日本社会文化知识，培养文化理解能力几个方面提出目标。

教学安排部分，具体规定了每个学年、每周的最低课时数量。

教学内容部分，从语音、文字与词汇、语法以及句型、功能意念、社会文化等六个角度阐述，并分别对具体内容要求做了详细的说明。

教学要求部分，对实际掌握的语言知识量（词汇量、句型数量等）、语言技能的质量（听说读写的具体目标）提出了要求。

教学原则部分，提出了语言基本功训练、理解与表达、听说与读写、语言基础与交际能力、对象语与母语几个方面的要求，阐述了基础阶段日语教学要遵循的基本原则。

在其他方面，主要说明了教材的问题、教师与学生的问题、现代化教学手段的应用问题、课外活动的问题。

测试部分，强调了测试的目的是检验教学质量；测试的内容和项目要依据大纲和教材；测试要兼顾语言知识和语言技能；测试要体现科学性、客观性、统一性，并强调了标准化测试的问题。

（二）高年级阶段教学大纲的结构

主要包括总纲、课程、毕业论文及毕业实习、测试与评估四个方面。

1. 总纲部分

规定了教学大纲的宗旨、适用范围、指导思想、教学安排与教学内容。在总纲部分，只规定了日语专业课程设置问题，提出主干课和必修课的设置统一，教学质量要符合大纲要求，重视语言实践和文化知识，重视教学方法、教材建设、教学质量评估，培养学生学术兴趣和创新意识，以及独立分析问题、解决问题的能力，对专业学生的毕业规格做了明确描述。在教学安排方面，具体规定了学期教学周课时数，提出了日语综合技能、日语语言学、日本文学、日本社会文化等专业课程的内容结构。

2. 课程部分

提出各院校结合人才培养目标可将课程按照主干课、必修课、选修课做出划分，列出日语综合技能课（高年级日语或精读、泛读、报刊选读、日语写作、翻译等）、日语语言课（语言学概论、日本语概论、国情语言学、古典语法）、日本文学课（日本文学作品选读、日本文学史、日本文学鉴赏等）、日本社会文化课（日本文化史、日本概况、日本经济等课型，如历史、地理、风俗、政治、经济以及经贸、旅游等涉外方面的辅修、选修课或讲座，日文打字、计算机使用、文献检索等）的具体教学目标和要求。

3. 毕业论文及毕业实习部分

规定了毕业论文的写作目标和要求、选题范围、字数、成绩评定标准、论文答辩工作和对指导教师的要求；还规定了毕业实习的目的、要求。

4. 测试与评估部分

规定了日语知识教学测试的目的、内容、方法以及日语技能评估的项目、要求和评分标准等。

四、一门课程或一套教材的教学大纲

(一) 为什么要编写教学大纲

第一，是学校教育必须有的文件。由于课程的教学目的、内容和方法都在教学大纲中做出具体的或原则的规定，教学大纲是课程设计的物化，是日语课程教学的指导性文件。

第二，教学大纲也体现了一定的教学法体系。由于不同的教学大纲对教学目的和要求的表述、对教学内容的呈现形式、对教学模式或方法的规定都会有所不同，不同的教学法体系有各具特点的教学大纲。

第三，教学大纲不是课程标准。教学大纲重点涉及的是教学问题，它是用来指导教学实际工作的；课程标准重点涉及的是课程问题（当然也涉及了教学问题），它是用来衡量课程设置的。虽然从内容上看课程标准和教学大纲都包含了教学问题，但是教学不等于课程，大纲不等于标准，教学大纲也不等于课程标准。

第四，教学大纲有助于建立正常的课堂教学秩序，保证教学质量。教学大纲明确规定了教学内容、培养规格，有助于使不同学校、不同班级所培养出来的学生在本学科领域具有大致相同的知识水平和技能水平。

由于在课程教学过程中，每一门课程、每一门课程的不同阶段都呈现出教学目的、教学要求的多层次性，教学内容的多样性和教学方法的多样性，因此，我国各级学校的每一门课程、每一阶段的课程一般都要求编制教学大纲。

(二) 教学大纲的编写结构

通常在编写教学大纲时，采用如下的结构：

(1) 课程的性质或课程在教学计划中的地位和作用、教学对象、总学时数。

（2）教学目的和教学要求。

（3）教学内容（内容提纲）及计划。

（4）必要的说明（组织教学的说明，教学方法与手段）。

（5）测试或考核。

（6）使用的教材或参考书目。

（三）教学大纲的编写原则

教学大纲的编写结构或编写顺序，由于课程的特点不同，往往有所不同。需要根据课程标准的总要求，结合培养目标，根据以下原则，具体考虑制订方案。

1. 思想性和政策性

必须以国家的教育政策和方针为指导，以教育主管部门审定和颁发的课程标准为依据，正确处理教学大纲中的诸问题。

2. 科学性和整体性

要体现科学的、符合实际情况的教学思想，正确规定课程的性质或在课程中的地位（日语课程是文化课还是工具课、是必修课还是选修课），注意同有关课程的联系和配合（听力课与会话课的联系和配合），各级学校都设置的课程还要注意相互间的衔接（写作课程与阅读课程的衔接）。

3. 先进性和稳定性

要恰如其分地规定课程的教学目的和教学要求，规定的目的和要求一般要略高于多数班级、多数学生当前能够达到的程度，以促进当前的教学。这个目标还必须是多数班级和多数学生经过努力能够达到的，从而使大纲在一定时间内保持稳定。

4. 教学适用性和继承性

要根据科学发展水平、根据现有教学实践经验和有关教学原则确定和安排教学内容，使之能保证教学目的的实现，又适合学生的接受能力。

5. 执行的灵活性

要保证在执行时有一定的灵活性的可能（如把部分内容列为非必学，某些技能的要求分为基本要求和提高要求，教学时间的计算留有余地)。

第三节　日语教科书的编写与使用

一、教科书

(一) 教科书的性质和作用

教科书又称为课本、教材，是实现课程标准（教学大纲）规定的教学目的和教学要求的重要教学工具，是保证课堂教学质量的重要物质条件。教科书是教师传授课程知识、组织教学活动和培养技能的主要依据，是学生获取课程知识的基本来源和发展技能的主要指南。

所以，教育主管部门总是十分重视教科书的编写工作，对一般的学校课程都要求必须有教科书。诚然，有的课程，主要是大学的专业课，可能由于某种原因没有教科书。但是这样的课程都要指定必读的教学参考书，并要求学生记听课笔记。

(二) 教科书与课程标准（教学大纲）

教科书依据课程标准（教学大纲）的精神和规定编写，教科书是课程标准（教学大纲）和各项规定的具体体现。但是，教科书与课程标准（教学大纲）不同，教科书不是教学文件。课程标准（教学大纲）毕竟只是课程教学的"纲"，并不能起到教科书的作用。课程标准（教学大纲）和各项规定需要由教科书来具体体现。教科书有教科书的作用。同一份由教育主管部门审定的课程标准（教学大纲），容许编出两种以上各具不同特点的教科书，以供选用。在大学里容许某些课程暂时没有教科书而以指定的教学参考书和笔记来替代。

由于课程标准（教学大纲）只是"纲"，对许多问题只可能做原则规定和表述，所以在按课程标准（教学大纲）编写教科书时，编者对课程标准（教学大纲）的精神和原则规定会有不同理解，编写出来的教科书对体现大纲精神和原则规定会有程度上的差异。同时，还会由于编者的理论水平和教学实践经验不同，编写出来的教科书特点会有所不同。因此，同一份课程标准（教学大纲）有两种以上各具特色的教科书是正常的，对贯彻课程标准（教学大纲）也有益处。

为使编写出来的教科书能充分体现课程标准（教学大纲）的精神并具有特色，编者必须十分熟悉标准（大纲），对标准（大纲）有深入研究；还必须具有相当的学科水平和教学经验，并能在正确的教学思想指导下运用学科知识和教学经验。特别是一些大学课程的教科书，既是学科科学水平的反映，又是学科教学经验的体现。因此，教科书编写是一项创造性的劳动，一些优秀的教科书往往与科学专著相提并论。

基础日语教科书的编写同样是一项创造性劳动。诚然，基础日语教科书并没有很多理论内容，许多语言材料主要是选用，但编者如果没有一定的语言理论水平和教学法理论水平，没有相当的日语实践能力和丰富的教学实践经验，则难以编写出能充分体现课程标准（教学大纲）的精神并具有特色的日语教科书。

二、普通教科书的编写原则

不同学校的不同课程，在性质和内容上有相当差异，教科书的作用和特点也有区别。因此，教科书的编写原则和要求也就不同。但是，下列各项编写原则是编写各门教科书都应该遵循的。

（一）思想性

应遵循马克思主义的立场、观点和方法妥善处理教科书的各个问题；要根据学科特点、通过具体的学科内容，或体现辩证唯物主义和历史唯物主义，或体现爱国主义和国际主义，或体现精神文明和高尚的道德风貌，使学生学习后在思想道德品质上有所进步。

（二）科学性

不同课程的教科书，由于课程的性质不同、任务有别，教学内容所能反映的科学水平有高有低，范围有宽有窄。但是，书中的内容应该符合学科的研究成果、正确无误，学生学后能够解决实践问题，能够进一步提高，而不会导致学后不能用或形成会妨碍进一步学习和提高的不正确概念和习惯。

（三）体现课程标准（教学大纲）精神

教学内容的介绍和表述的深度广度、应用题和练习的难易程度等，都要体现大纲的规定，符合大纲规定的课程教学目的和要求的需要，使学生学习以后能获得大纲规定的知识和技能。

（四）便于使用

编入教科书的教学内容除了应该充分体现大纲的规定之外，还应该为在教学中实行因材施教或个别对待原则提供条件，使学有余力的学生能够学得更多更好，使学习比较吃力的学生能够达到基本要求。为达到这一目的，可把练习分为必做和选做两部分，可以提供非必读的阅读材料等。

为了便于使用，教学内容的编排方法要尽可能使周学时数不同的班级使用同样方便、上新课使用和复习使用同样方便。

日语教科书宜把主要教学内容——课文置于醒目的位置，提供全书的总词汇表，介绍规则较多的范畴知识时，可以把规则集中置于表格中而把实例集中在表格之后。

（五）讲究形式

教科书不仅要讲究内容，还要讲究形式。不仅要依靠编辑讲究字体、装帧等方面的形式，编者在编写时也要注意教科书的形式。

教科书除了表述部分要文字通顺、段落有序、条理清楚，使学生易懂易会之外，还要配以符合内容需要、符合学生年龄特点和知识水平的插图和表格。这些图表要正确、清晰、美观，使学生能借助这些图表更好地掌握知识和技能、提高学习兴趣。

三、日语教科书的编写原则

日语教科书要反映日语教学规律，合乎日语教学原理、原则的要求。从教学法角度来看，一本好的日语教科书必须体现下列几项原则：

（一）教科书要为培养目标服务

无论是选用现成的教科书，还是自编教科书，首先要看教科书能否为培养目标服务。基础日语的教学目的决定了日语教科书是实践性的，而不是理论性的。教科书要保证学生把日语作为交际工具来掌握，即具有能用日语进行口、笔语交际的能力。因此，教科书对日语基础知识讲解的深度及广度、课文的选择、练习体系的安排都要有利于培养目标和教学目的的实现。总之，选用或组织编写教科书一定要和培养目标相一致。

国内外已经出版的日语教科书是为不同的培养目标服务的。有的侧重于口语，有的侧重于阅读，有的注意全面训练。选用教材，必须从培养目标出发，不能脱离教学目的，盲目选用教科书。比如《日本现代文读本》是一部以短期内达到能读懂一般日语图书、报纸、杂志为目的而编写的教材，因此不能选择此书作为基础日语教材。

如果是编写教科书，首先要认真研究课程标准或教学大纲，明确培养目标，在叙述语言材料、选择课文、安排练习体系时都要认真做到使教学内容、教学法体系符合教学目的，为培养目标服务。例如，外语教学与研究出版社出版的《新经典日本语》系列教材，就是以《高等院校日语专业教学大纲》为依据，参照日本国际交流基金《JF 日语教育标准 2010》对相应学习阶段的要求，结合日语专业教学的全新发展而编写，做到了与课程体系紧密结合，纵向内容循序渐进，体系完整，同时结合语言学习中输入与输出的关系，不同课型之间做到横向衔接与配合，从而有效提高学生的语言综合运用能力，在注重以学生为中心同时，融文化于语言学习中，关注到学生跨文化思辨能力的培养，具有时代性和实用性特征。

（二）教科书要符合教学对象的特点

教科书必须有针对性，要符合教学对象的特点。不同的教学对象对教科书的要求各不相同。中学和大学因教学目的、学生年龄、智力的不同，使用的教科书自然也不一样。

由于学习者母语的不同，对日语教科书也应提出不同的要求。各国外语教学实践证明，使用针对学生母语编写的教科书远比使用为操各种语言的人学习日语而编写的教科书教学效果更好。我国使用的日语教科书，要体现操汉语的学生学习日语的特点。汉语与日语有相同之处，更有不同之处。相同之处有益于日语的学习，不同之处干扰日语的学习。只有在对比汉日两种语言结构、词汇的基础上，针对我国学生学习日语的难点、特点而编写的日语教科书才是理想的教科书。

（三）教科书要贯彻思想性、科学性的原则

一本好的日语教科书应当在思想内容方面有利于社会主义思想教育。日语课的思想内容主要是通过教科书的课文、例句反映出来的。因此要注意课文、例句的思想性，把思想教育寓于语言教学之中。

在日语语言知识的讲解方面要符合科学性原则。日语语言知识的讲解、例句和练习的编写应当通俗易懂、概念清楚，要符合现代日语的规范，反映日语研究的最新成果。

总之，一本好的日语教科书应当是实践性、思想性、科学性的高度统一，要正确处理好这三方面的关系。

（四）教科书要反映一定的教学法体系

日语教科书在我国属于外语教科书，编写或选用任何一种日语教科书都要以一定的外语教学法体系为理论指导。目前在外语教学中的主要方法有口语法、认知法、功能法等。编写日语教科书时，编者一定要把反映当代外语教学法最新成就的某一种外语教学法体系作为编写教科书的指导思想。教师在使用教科书时也应分析研究编者的教学法指导思想，并在教学中加以贯彻。

如由北京大学出版社出版的《综合日语》第一册，编者在前言部分明确指出："本教材没有采用传统的日语教学法体系，而是在近年来日本对外日语教学中常见的语法系统的基础上，结合中国人也学习日语的特点，归纳总结出一套更加实用、更加科学的语法系统。"虽然编者没有明确指出这套教材采用了何种教学法体系，但是分析该教材可以看出：该教材的课文形式以对话为主；内容设计主要是不同场合、不同语境下的语言表达；练习体系多以仿说、看图说话、角色扮演等类型为主，虽然在阅读理解方面也编写了课文，但是会话部分的内容更多，分量更重。因此，我们认为，该教材是属于注重各种语境下语言实践能力培养的交际法教材。教师如用该书为教材，在教学中就应采用交际法，这样就能使编者和教师协调一致，发挥原教材的长处，达到既定的教学目的。

（五）教科书要贯彻普通的教学原则

普通的教学原则反映了各科教学的共同规律。因而一本好的日语教科书也必须贯彻系统性、连贯性、科学性、直观性等普通的教学原则，但这些原则在日语教科书中有其特殊表现形式。

教科书使用要有相对的稳定性，不可经常改换。频繁改换教科书会使教师无所适从，也无法积累经验。一本教科书必须经过教学实践的检验才能对它做出科学的评价。教学实践证明：采用一种新的教科书一定要比旧教科书好，否则就不要改换。一套教科书各册之间要相互衔接，有一定的连贯性。在选用日语教科书时还要注意教学法体系的连贯性，比如一年级用口语法教材，到二年级不要改用翻译法的教材。

教科书的内容要生动活泼，引人入胜。分量要适宜，使学生能接受。教科书的形式要美观大方，文字大小适宜，清晰易读，给学生以好感，唤起求知欲。为了培养学生的交际能力，要在一定情景中学习日语，因此教科书要有适量的插图、照片等，或者直接采用彩色印刷，增强视觉愉悦，减轻视觉疲劳，提高学生的学习兴趣。

编写日语教材要以日语教科书为中心。除教科书外，还要编写教师参考书、学生参考书及与教科书相配合的辅助教材、录音录像教材等。如外语教学与研究出版社出版的《新经典日本语》系列教材中，包括了基础、听力、会话、阅读与写作等课型的相关教材，在互联网广泛普及、教育技术手段不断进步的当今，为适应立体化教学要求，不仅为学习者配备同于教材配套的光盘，还为教师编写了完善的多媒体教学课件，开发与教学配套的教学管理与测试平台，同时还为教师提供系统化的教学培训支持。在此系统中，教科书起核心作用。

系统化的教材编写，为提高教师水平，总结和积累教学经验，培养新教师，建立科学的日语教学法体系，提高教学质量，开展教学研究提供了有利条件。

四、日语教科书的结构

按不同的教学法体系编写的教科书，虽然结构、体系不同，句型、课文、词汇、语法、练习等仍有共性，对这些部分也应当提出一定的教学要求。

（一）课文

课文提供了大量语言材料供学生学习。它是学生获得日语知识的源泉，因而也是教科书中的最主要部分。

为了培养学生用日语进行多方面的口笔交际的能力，课文的题材、体裁、功能意念项目、话题要多样化。在题材方面应包括日常生活、社会生活、文化生活、科技活动以及日本的历史、地理、风俗、习惯等，如科普知识、语言知识、文体活动、旅游、购物、饮食、健康以及个人情感、人际关系等内容。在体裁方面应包括散文、故事、小说、传记、应用文、记叙文、诗歌等。在功能意念项目方面包括社会交往（问候、告别、道歉等）、态度（同意与否、喜欢讨厌，可能与不能、意愿打算等）、情感（高兴、忧虑、遗憾、同情、愤怒、恐惧等）、时间（频度、时段、时序等）、空间（位置、方向、距离等）、存在（存在与否）、特征（形状、颜色、规格、材料等）、计量（长度、宽度、高度等）、比较（相似、差异比较等）、逻辑关系（因果、目的、并列、转折等）、职业（工作、单位）等内容。

课文既要包括本课文中新学的语言材料，又要包括需要巩固、复习已学过的语言材料，使新旧语言材料有适当的比例。注意利用学过的语言材料讲解新的语言材料。按教学法要求一篇课文中生词与旧词的比例是 1：15，平均有三四项语法知识。当然这个比例数不是绝对的，但一篇课文不宜含有大量的新语言材料，这点是肯定的。课文的篇幅要逐渐加大，但不宜过长。一本好的日语教科书应当保证已学过的语言材料在教科书中有较高的复现率。

编写课文是一项很难的工作，编者既要注意思想性、功能意念项目和题材、体裁的多样性，又要注意新旧语言材料的比例关系。一本好的教科书要把这几个方面有机地统一起来。

（二）词汇

在编选教材时要处理好词汇的数量、词汇的选择、词汇的复现等问题。

应掌握的词汇总量以及各年级应掌握的词汇量，教学大纲中已有规定。但如何挑选词汇，却因编者对选词标准认识的不同而异。国内外出版的几种主要日语教科书中挑选的词汇差别也较大。日语词汇浩如烟海，挑选什么词大有讲究。造词首选要有目的性。基础日语的教学内容涉及社会各个方面，因而造词要有广泛性。国外编教材选词的经验可供我们借鉴。如教科书的编者组织各行各业人员召开座谈会，对每一个发言都要录音，然后从录音中以及有代表性的文学、社会科学、科普作品中统计出复现率最高的 5 000 个单词作为教科书的最基本词汇量。

新学的词汇只有在教科书中多次复现才能记住、会用。因此一本好的教科书一定要保证单词的复现率。记忆心理学证明：刚学过的单词忘得最快，所以要及时组织复习，以后还要按时安排和调配单词重复的次数。有的教学法专家认为，假如一个单词在一课书中能重复 10 次以上，学生就有可能记住。以后再逐节课有计划复现 15~20 次，就能保证使学生牢固地记住所学词汇。

（三）句型

句型是学生初学日语的基础、起点。在日语的入门阶段是以句子为单位进行教学的，不要孤立地学习语音、词汇、语法。

日语句型种类繁多，数量很大。根据基础日语教学的目的、任务，学生大约掌握 300 多个即可。关于句型选择和排序，铃木忍在《句型·语法事项指导》一文中进行了深入研究。他认为首选要选择在日语中使用频率高的基本句型。在他主编的《日语 I》中按上述原则选了 181 个句型，其中使用频率高的基本句型 102 个，附加句型 79 个。这些句型按由易到难的顺序分配到各课。平均每课出现五六个新句型。铃木忍关于句型编排的经验值得我们借鉴。

（四）语法

按不同教学法体系编写的教科书，在处理语法总量上分歧很大。在按口语法编写的教科书中没有专门的语法注释部分。而按翻译法编写的教科书中不但有语法注解，还会注意母语语法与日语语法的对比。尽管按口语法编的教科书中表面上没有语法注释部分，但在课文、练习的编排上还是有计划地安排了语法项目。

基础日语教科书应当配合课文安排一定的语法项目，但纯属实践性质，语法知识的讲解应力求实用、简明扼要。语法与句法同时进行，将语法材料分成一些小的项目有计划地分配到各课中去。先以句型引路，当积累一定量的感性知识后再归纳成语法规则。

语法材料的安排要与课文密切配合，不能脱离课文孤立地安排语法项目。语法材料还要和词汇配合，一篇课文的难点不宜过多。如词汇量大，就减少安排语法项目，反之亦然。

教科书或补充教材中要有一定的语法图解、表格、简笔画，以便帮助用活好语法规则。

（五）练习

练习对学生掌握日语语音、语法、词汇的基础知识和听说读写的基本技能，发展智力，培养交际能力有着重要作用。因此练习是教科书的重要组成部分，在评价一本教科书时，练习是一个重要方面。

练习编排得好坏直接影响教学效果。从教学角度看，编排练习时应注意下列几个问题：

1. 练习要有目的性

教科书中编排的每一项练习都应是学生巩固某一项语言知识、发展言语技能不可缺少的。练习应当是最基本的，分量不宜多，但要精。

2. 练习要交际化、多样化

基础日语的教学目的是掌握日语、实践日语。这些技能要靠交际化、多样化的练习。同时，这样的练习还能引起学生的学习兴趣。

3. 练习要形成体系

教科书中的技能不能杂乱无章，要按一定的教学法的原理来编排，使练习系统化、科学化。比如一些常用的日语教科书的练习多半是按学习过程理论编排的，分为认知练习、模仿记忆性练习、变换性练习和选择性练习。

（六）教学参考书及相关音声资料等

作为优秀的外语类教科书，需要配备必要的教学参考资料，如教师参考用书、学生学习用书、学生练习手册、词汇语法配套练习、扩展阅读读本等；还要配备必要的音像资料，例如课文生词朗读、课文场景模拟演示、慕课或微课设计的网络资源包等。这些参考资料可以有效地补充教材因篇幅、计划制约下语言材料不充分、不生动、讲解不透彻等问题，为教师教学提供指导，为学生自主学习提供方便。

以上，我们阐述了教科书的作用和一套好的教科书应具备的条件。但再好的教科书也代替不了教师的讲解。所以，在教学过程中教师一方面要根据教科书进行教学；另一方面又要对教科书进行加工、提高和补充，尽量发挥教科书的长处，弥补它的不足，这样才能够不断总结使用教科书的经验，创造性地进行教学。

第三章　日语教学

第一节　日语教学原则

一、教学原则的概念

教学原则是根据教育教学目的、反映教学规律而制定的指导教学工作的基本要求。它既包括教师的教，也包括学生的学，应贯彻于教学过程的各个方面和始终，是反映人们对教学活动本质性特点和内在规律性的认识，是指导教学工作有效进行的指导性原理和行为准则。一般地说，教学活动越是能够符合教学原则，教学活动就越是容易成功；反之，教学活动越是背离教学原则的要求，教学活动失败的可能性就越大。由于教学活动是在不断发展的，并且教学模式多种多样，不同的教学模式需要不同的教学原则与之相适应，因而教学原则也处在不断变化与发展之中。

二、掌握教学原则的意义作用

1. 教学原则对教学活动的顺利有效进行有着指导上和调节上的意义。它能够为教师提供积极有效地开展教学活动的依据。

2. 诺夫指出："教学论原则决定教学方法。选择教学方法和论证其效果有赖于作为这些方法基础的教学论原则。教学论原则体系，就是对学习和掌握教材的基本途径的总的说明。"

3. 科学的教学原则在人们的教学活动的实践中灵活有效地运用，对教学活动有效顺利地开展，对提高教学活动的质量和效率都会有着积极的作用。

三、普通教学原则体系

教学原则是在总结教学实践经验的基础上制定出来的。由于教学目的和教学实践面临的课题不同，由于教育家的哲学观点和对教学过程规律的认识不同，所制定的教学原则就有所不同。因而古今中外教育著作中提出的教学原则的名称、数目、内容和体系纷繁不一。例如：夸美纽斯依据感觉论的认识论和当时发展起来的一些自然科学知识来论证他的教学原则。第斯多惠是从学生、教材、教学条件和教师等方面提出他的"教学规则"的。当代苏联教育心理学家赞科夫从教学促进学生一般发展着眼，提出了高难度、高速度、理论知识起主导作用、使学生理解学习过程、使全班学生包括差生都得到发展等教学原则。美国 J. S. 布鲁纳依据认知派的结构主义心理学，提出动机原则、结构原则、程序原则、反馈原则等等。当代教育科学对教学原则做了如下规定：

（一）教学整体性原则

它包含着两重含义：一是教学所承担的任务具有整体性，教学任务的完成应是完整的、全面的，不能有任何方面的偏废；二是指教学活动的本身具有整体性，教学是由一系列教学要素构成的一个完整系统。

（二）启发创造原则

这是指教师在教学活动中要最大限度地调动学生学习的积极性和自觉性，激发他们的创造性思维，从而使学生在融会贯通地掌握知识的同时，充分发展自己的创造性能力与创造性人格。

（三）理论联系实际原则

这是指教学活动必须坚持理论与实际的结合和统一，用理论分析实际，用实际验证理论，使学生从理论和实际的结合中理解、掌握知识，并在这个结合的过程中学会运用知识。

（四）有序性原则

这是指教学工作要结合学科的逻辑结构和学生的身心发展情况，有次序、有步骤地开展和进行，以期使学生有效地掌握系统的科学知识，同时有效地促进学生身心的健康发展。

（五）师生协同原则

这是指在教学活动中，教师在充分发挥自身作用的同时，还要充分调动学生的积极性和主动性，使教学过程真正处于师生协同活动、相互促进的状态之中。其实质就是要处理好教师与学生的关系、教与学的关系。

（六）因材施教原则

因材施教原则要求教师在教学活动中，从学生的实际出发，根据不同教学对象的具体情况，采取不同的方式和方法，进行差异性的教育，使每个学生都能在各自原有的基础上得到自己充分的、最好的发展。

（七）积累与熟练原则

这是指教学活动应该使学生在理解的基础上，获得广博、深厚和牢固的基础知识、基本技能，形成良好的个性品质，进而使他们对知识、技能的掌握能够达到熟练和运用自如的程度。

（八）反馈调节原则

这是指在教学活动中，教师与学生从教和学的活动中及时获得反馈信息，以便及时了解教与学的情况，并能够及时有效地调节和控制教学活动的顺利开展，达到提高教学效率和教学质量的目的。

（九）教学最优化原则

这是指教学活动中，要针对教学效果起制约作用的各种因素，进行综合调控，实施最优的教学，取得最优的教学效果。

四、日语教学原则体系

关于外语教学原则，教学法界观点不一，有主张交际性或实践性为唯一原则；有主张交际性和考虑母语两个原则；有主张交际性、考虑母语和语言国情三原则；还有主张交际性、四会并举、阶段侧重、语言综合教学、考虑母语四原则，还有在四原则基础上增加以学生为中心的五原则。

日语教学原则是日语教学规律的反映，是在一定的教学原理指导下对学生掌握语言知识和语言技能的基本方法、途径的总说明。不同的外语教学法流派的理论根据不同，对外语教学规律的认识也不同，对反映教学规律的教学原则的认识也不一致。日语教学首先要遵循教学一般原则，还要根据语言学、心理学、教育学、生理学、系统论等科学的最新研究成果，吸取各教学法流派的优点，制定适合我国学习者开展日语教学的基本原则。

21 世纪教育的终极目标就是培养全面、和谐发展的人才。作为国民教育的一个组成部分，日语教学也肩负着这个使命。人的发展包括内因和外因两个因素。内因是指正常的健康的个体身心内部发展要素，主要有两个方面：一是遗传素质，二是人的主观能动性。遗传素质是生物因素，是人的发展的物质基础和前提条件。遗传素质的成熟程度，制约着人的身心发展过程和阶段。主观能动性属于心理范畴，人的主观能动性的性质、方向和水平都离不开教育的培养和塑造。人的发展的外因是指影响个体发展的一切外部客观条件，它包括自然条件和社会条件，在外语教学中通常我们称之为语言教学环境。人的发展内部因素和外部因素是通过实践活动和教育活动实现和谐统一的。人的发展是教育的宏观目标。外语教学的具体目标是掌握语言知识，培养语言技能，实现这一目标，必须通过教师的教学实践和学生的语言实践来完成。日语教学原则必须遵循教育方针，符合教学规律和语言学习规律，为完成语言教学的根本任务服务。从这个意义上讲，我们把日语教学原则体系归纳如下：

（一）日语教学必须以提高学生综合素质为目标的原则

人的素质是指人所具有的从事某种活动的生理、心理条件或身心发展水平。其中包括人的先天禀赋和被内化了的后天教育、影响诸因素。人的素质可分为个体（个人素质）的和群体的（民族素质等）。对于个体的人来说，其素质又有生理的、身体的、心理的等诸项。其中心理的既包括知觉、记忆、想象、思维、情绪、情感等与生俱来的心理特质，也包括被内化的属于文化范畴的政治的、思想的、道德的等等社会性心理内容。

日语教学除了使学生掌握日语知识和技能外，还要通过日语课内外的学习提高文化修养，受到思想教育、道德教育、人生观价值观的教育，同时还要开启学生智力，培养能力，使日语教学与人的全面发展这一教育培养任务有机结合起来。

提高学生的综合素质，对教师有如下要求：

1. 认真钻研教材，综合地、灵活地运用教材。日语教学中思想教育的源泉是教科书中的课文。任何一篇课文都要表达一定的思想内容。提炼文章的思想内涵，既可以对学生进行跨文化教育，陶冶情操和品格，也可以对语篇教学内容开展综合性训练，对熟练掌握运用新知识、把握语言文化内涵有促进作用。因此，思想性内容的教学与语篇（字、词、句）教学并不矛盾，而是互为依存，互为促进的。

2. 在教学过程中要注重挖掘学生的智力潜能，发展学生的智力水平。外语学习的智力要素主要包括语言感知能力、观察力、记忆力、联想力、逻辑思维能力、创造力以及学生的自学能力。

3. 在教学活动中要注重对学生四项基本技能的培养，我们称之为外语学习的能力要素。它包括听解能力、会话能力、阅读能力、写作能力，也有学者把翻译能力也纳入外语能力要素范畴。

（二）日语教学要有效激发学生学习动机的原则

"有领导的认识"是教学活动的特点之一。没有教师的主导作用，学生是难以自行达到掌握陌生语言文化知识和技能的任务的。教师对于教学任务能否完成和教学效果的优劣都负有主要责任。然而，学生才是教学活动的主体。教师的主导作用首先在于激发学生的求知欲和学习兴趣，建立积极的日语学习动机，使他们能够自觉主动地学习。离开这一点，学生对于语言知识和技能的真正掌握、学生智力的发展、学生态度感情的成熟和提高都是不可能的。

学习动机是推动学生进行学习活动的内在原因，是激励、指引学生学习的强大动力。其心理因素包括：学习的需要，对学习的必要性的认识及信念；学习兴趣、爱好或习惯等。从事学习活动，除要有学习的需要外，还要有满足这种需要的学习目标。由于学习目标指引着学习的方向，可把它称为学习的诱因。学习目标同学生的需要一同成为学习动机的重要构成因素。

学生的学习动机可以通过教育教学过程加以培养。培养学生的学习动机对教师有如下要求：

1. 要通过目标设立、奖惩机制、选择受关注的热点问题等激发、启发学生的学习自觉性。

2. 要激发学生的好奇心与求知欲，帮助学生通过直观或实践活动形成稳定的学习兴趣。

3. 根据阿特金森的成就动机理论，总是给学生提供难易度系数为50%的学习内容，因为这个难易系数使学生的学习动机最强。

4. 对于缺乏学习动力的学生，还可以利用其爱好诸如日本动漫、网络游戏等原有动机，通过必须掌握知识才能完成的影视欣赏或游戏任务造成动机的迁移，以形成学习的需要。

当学生已经有了种种学习需要之后，为了使其维持、加强或进一步发展，还必须做好动机的激发工作。激发学生的学习动机，对教师有如下要求：

1. 采取启发式教学、讨论式教学、辩论式教学等新颖而生动的教学方法，激发学生的参与语言实践活动意识，提高其语言应用能力和水平。

2. 创设问题情境启发学生积极思维。为此，教师要熟悉教材，掌握教材的结构，了解新旧知识之间的内在联系，还要了解学生已有的认知结构状态，使新的学习内容与学生已有发展水平构成一个适当的跨度。创设问题情境的方式可以多种多样，它既可以用教师设问的方式提出，也可以用作业的方式提出；它既可以通过新旧教材的联系方面引入，也可以通过学生的日常经验引入。在教学过程和教学结束时，也可以创设问题情境。问题情境创设的方式可以多种多样，并且应该贯穿整个教学过程的始终。

3. 控制动机水平。美国心理学家耶克斯（Yerks）和多德森（Dodson）认为，中等程度的动机激起水平最有利于学习效果的提升。

4. 创造轻松自由的课堂气氛，避免学生过度紧张和焦虑。

5. 给予恰当评定。美国心理学家佩奇（E. B. Page）的研究结果表明：顺应性评语针对学生的个别差异，效果最好；特殊评语虽有激励作用，但由于未针对学生的个别特点，所以效果不如顺应性评语；而无评语的成绩则明显低于前两者。

6. 适当开展学习竞赛，处理好竞争与合作的关系，建设合作型课堂结构。多伊奇（M. Deutsch，1949）的目标结构理论认为，团体中对个人达到目标的奖励方式不同，导致在达到目标的过程中，个体之间相互作用的方式也不同。研究表明，个体相互作用的方式主要有相互对抗、相互促进和相互独立三种形式，与此相对应，也存在着三种现实的课堂目标结构：竞争型、合作型和个体化型。在竞争型目标结构中，团体成员之间的目标具有对抗性。只有其他人达不到目标时，某一个体才有可能达到目标，取得成功；如果其他人成功了，则降低了某一个体成功的可能性。在这种情境中，个体重视取胜、成功有时更甚于公平、诚实，因此同伴之间的关系是对抗、消极的。在合作型目标结构中，团体成员之间有着共同的目标，只有所有成员都达到目标时，某一个体才有可能达到目标，取得成功；如果团体中某一个体达不到目标，其他人也达不到目标。在这种情境中，个体会以一种既有利于自己成功也有利于同伴成功的方式活动，因此同伴之间的关系是相互促进的、积极的。在个体化目标结构中，个体是否成功与团体中的其他成员是否达到目标无关，个体注重的是自己对学习的完成情况和自身的进步幅度。在这种情境中，个体寻求对自己有益的结果，而并不在意其他个体是否取得成功，因此同伴之间的关系是相互独立、互不干涉的。大量研究表明，三种课堂结构激发的是学生三种不同的动机系统。

7. 在对学生进行评价时，奖励和惩罚对于学生动机的激发具有不同的作用。一般而言，表扬与奖励比批评与指责能更有效地激发学生的学习动机，因为前者能使学生获得成就感，增强自信心，而后者恰恰起到相反的作用。教师要针对不同对象把握有效的奖惩尺度，维护好学生的学习动机，促使学生努力学习。

激发学生学习动机的方式和手段多种多样。只要教师们有效地利用上述手段来调动学生学习的积极性，学生就有可能学得积极主动，学有成效。

（三）教师指导和学生自觉学习相结合的原则

这一原则是为了将教学活动中教师的教学过程主导作用和学生学习行为的主体地位统一起来而提出的。

教学活动中，到底应该以教师为中心还是应该以学生为中心，一直是教育史上重大的争论问题。如赫尔巴特所强调的"教师的权威"主张"教师主体"；杜威提出的"儿童中心论"主张"学生主体"。有学者采取折中的态度，提出"教师学生双主体论"。虽然在具体教学活动中，一节课内可以一段时间教师为主体，一段时间学生为主体，但是后者这个主体是指活动行为的主体，不是教学过程总设计、总指导意义上的主体，"双主体"的观点只针对行为本身，不代表教育思想；此外，在一个课堂上也不可能同一时间出现两个活动主体，所以我们可以忽略这种折中的主张。

就教育过程的本质和教师的作用来说，在整个教育教学过程中，教师应处于主导地位。第一，教师是教育方针、教育计划的贯彻执行者，教师主导着学生的发展方向和质量规格。第二，教育本身是有目的有计划的育人过程，人的发展是在教育过程中靠教育者有组织有计划地系统实现的，任何教学大纲、教学计划和教科书都取代不了教师在育人方面所起的作用。第三，教师受过专门训练，具有扎实的专业知识和教学经验，懂得教育规律，掌握教学方法，因此，学生的学习只有在教师的指导下才能在短时间内取得最佳效果。

教育过程是师生的双边活动，必然也离不开学生的积极主动参与。调动学生的积极性与主动性，不仅是教师主导作用的内涵之一，也是衡量教师主导作用发挥程度的重要标志。因此，就教育过程的总体来说，在教与学这两个主体的关系上，教师是主导的。

在教育过程中，学生是学习的主体，是学习任务的主要承担者。相对于学习内容而言，学生是学习的主人，与学生主体相对应的是学习的客体，它不仅包括教师所施加的一切教育影响，也包括教师本身。因此，认识到学生的主体地位，可以提示教师在教的过程中想到学生的学，并自觉调动学生的学习积极性和主动性。在教育过程中，学生具有主体和客体的双重属性。

承认学生的客体地位是教师发挥主导作用的前提，明确学生的主体地位是提高教育活动效果的关键与根本。在教学中要充分调动学生学习的自觉积极性，使学生能够主动地学习，以达到对所学知识的理解和掌握。针对教师指导和学生自觉学习相结合的原则，对教师有以下基本要求：

1. 激发学生的积极思维。教师的启发应当能够激起学生紧张、活泼的智力活动，从而使学生深刻地理解、掌握知识，获得多方面的体验和锻炼发展。因此，启发应当选择具有一定难度、需要学生进行比较复杂的思维活动，但又是他们通过自觉积极的思考能够得到基本正确结果的问题来进行。简单的事实和记忆性的知识，即使顺利地"启发"出结果，价值也是有限的。

2. 确立学生的主体地位。学生是学习的主人，教师的启发只有在切合学生实际时才可能避免盲目性，只有承认学生的主体地位，真正研究和了解学生的学习需要，教师的启发才可能是有针对性的和有效的。

3. 建立民主平等的师生关系。在权威式的师生关系中，教师是凌驾于学生之上的真理代言人和学术权威，学生很难真正做到自由地、充分地提问和思考。只有当学生真正感受到教师将自己当作人格上与之完全平等的人，他们的学习自觉性才可能真正地被调动起来。

4. 教师要面向每一个学生，充分了解学生。现代教育强调，不能够要求学生适应教育，而是要使教育适应学生。除学习成绩以外，学生的个性特征的各个方面、家庭背景、生活经历等，都是教师因材施教所需要了解的。

5. 尊重学生的差异。学生的差异不仅是客观存在的，而且是合理的。日语教学各阶段的课程目标都包括一级目标、二级目标，在达到各目标标准的基础上，教师应当允许学生存在不同方面、不同水平的差异，并且针对每一个学生的具体条件帮助他获得最适宜的个性发展，而不是去普遍地增加难度和深度。良好教育的结果是培养出大批个性充分发展的人，而不是千人一面的"标准件"。

（四）创设各种形式的语言学习环境原则

在中国开展日语教学活动的特点之一在于它是一种间接认识，学生在教学中是以学习书本知识为主。生活中的语言是鲜活的，有时候语言规则也不能完全解答现实中所使用的语言现象，更何况作为外语的日语语言与学生的生活和他们自己的个人经验存在相当的差距，有些甚至是完全陌生的。人的认识总是从感性上升到理性，从具体过渡到抽象，完全没有感性认识和具体形象做基础和支撑，是不可能真正掌握语言概念和文化背景知识的。由于书本知识与学生之间客观存在的距离，学生们在学习和理解的过程中必然会发生各种各样的困难和障碍，创设多种形式的语言环境和语言学习环境，对学生的成长有重要意义。

创设语境可以采取如下措施：

1. 实物直观。实物直观是通过实物进行的，即直接将对象呈现在学生面前。在跨文化学习平时生活中比较生疏的内容时，实物直观能够最为真实有效和充分地为学生提供理解、掌握所必需的感性经验。

2. 模像直观。模像直观是运用各种手段对实物的模拟，包括图片、图表、模型、幻灯、录音、录像、电影、电视等。实物直观虽然具有真实有效的特点，但往往由于受到实际条件的限制而无法使用，而模像直观则能够有效地弥补实物直观的缺憾，特别是现代技术在教育领域的应用，使得模像直观的范围更加广阔，无论是历史还是现实，都能够借助某种技术手段达到直观的效果。

3. 语言直观。语言直观是教师运用自己的语言，借助学生已有的知识经验进行比喻描述，引起学生的感性认识，达到直观的效果。与前两种直观相比，语言直观可以最大限度地摆脱时间、空间、物质条件的限制，是最为便利和最为经济的。语言直观的运用效果主要取决于教师本人的素质和修养。

4. 完善教学条件设施。在科学技术高度发达的当代，日语教学外部环境已经达到一个相当的水平，日语教学所需要的图书情报资料、影像设备、网络媒体资源为创设语言学习环境提供了可能。

在日语教学中切实有效创设好语言环境和语言学习环境，对于教师有以下基本要求：

1. 恰当地选择直观手段。教学课程内容、目标不同，教学任务不同，学生年龄特征不同，所需要的直观手段也不同。

2. 直观是手段而不是目的。一般地说，在教学内容对于学生比较生疏，学生在理解和掌握上遇到困难或障碍时，才需要教师运用直观手段。为直观而直观，只能导致教学效率的降低。

3. 在直观的基础上提高学生的认识。直观给予学生的是感性经验，教学的根本任务在于让学生掌握理论知识，因此教师应当在运用直观时注意指导，比如通过提问和解释鼓励学生细致深入地观察，启发学生区分主次轻重，引导学生思考现象和本质及原因和结果等。

4. 合理选择教学优质资源，应用最有利于学生理解、掌握教学内容的教学技术手段和教学方法，不走形式，不浪费宝贵的课堂教学时间。

（五）处理好汉语和日语的关系的原则

外语教学法视其对母语的态度分为两大学派：翻译法和直接法。翻译法充分发挥母语在外语学习过程中的作用；直接法在外语学习过程中完全排斥母语。在日语教学过程中，如何处理好作为母语的汉语和日语的关系，直接影响教学方法的选择和教学效果。

语言是约定俗成的，语言具有民族性和科学性。语言学上日语和汉语属于不同语系，汉语属丁汉藏语系分析语，有声调。汉语的文字系统——汉字是一种意音文字，表意的同时也具备一定的表音功能。日语属于黏着语，通过在词语上粘贴语法成分来构成句子，称为活用，其间的结合并不紧密，不改变原来词汇的含义只表示语法功能。其语言系属有争议，有人认为可划入阿尔泰语系，也有学者认为是扶余语系、南岛语系，也有日本学者认为是孤立语言（有些日本学者继而提出韩日-琉球语族的概念）或日本语系。两种语言都属独立的语言，截然不同。但是，另一方面，中日两国的交流源远流长，日语的文字起源于汉语的偏旁部首和草书体，日语的许多词汇来源于汉语，汉语和日语在语音、语调、词汇、品词概念、句子结构等方面都有相同或相似之处。按照外语教学重在培养学习者外语思维能力的观点出发，日语教学要尽量克服母语的干扰，但是，一致性如此多的两种语言对于外语学习者来说，既有正面的影响，也有负面的作用。这就需要切实处理好母语与日语的关系。

在日语教学过程中切实有效处理好母语与日语的关系，对教师有以下基本要求：

1. 有效利用汉语的正迁移作用

语言迁移是指母语的影响进入第二语言的习得，包括语言上的影响，如语音、语汇、语法、语义等方面的影响。语言迁移还包括语言之外因素的影响，如思维模式、文化传统、社会历史等方面的影响。认知主义学派的注意力主要投向迁移的制约性因素，以及迁移的认知准则研究。所谓迁移的制约性因素研究就是研究由哪些因素制约迁移的发生和隐退。Ellis（2000）列出了制约迁移的 6 个因素：语言的不同层面，如音系、词汇、语法、语篇等；社会因素，如不同的交际对象与学习环境的影响；标记性，如某些语言特征的特殊性；原型概念，如某个词的某一含义与其他意义相比在多大程度上被认为是核心的、基础的；语言距离和心理语言类型，如学习者对第一语言和第二语言之间距离的心理感受；发展因素，如对中介语发展的自然过程的限制。Odlin（1989）在其《语言迁移》这部专著里给语言迁移下了简明而精确的定义：迁移是指目标语和其他任何已经习得的（或没有完全习得的）语言之间的共性和差异所造成的影响。根据他的定义，迁移不仅仅是传统的迁移研究中所指的来自学习者母语的影响，还可以指学习者已经习得的任何其他语言的知识对于新语言习得的影响。

中国的日语学习者在日语学习过程中，首先要解决的是母语汉语的语言迁移问题。

日语与汉语在历史上有过几个相互吸收的阶段。日本在绳文时代是没有文字的。公元四五世纪，汉语传入日本，主要为一部分识字阶层所习用。后来随着中国文化制度和思想学说的传入以及佛教的普及，汉语才逐渐深入融合到一般人所使用的日语中去。很多日语单词的读音也是由当时传入日本的汉语单词的发音演化来的。到了飞鸟平安时代（公元 600 年左右），受到隋唐文化的影响，借用汉字的某些偏旁部首以及草书体汉字，日本创造了片假名和平假名，日语有了完整的表记体系。日语中的汉字最少有三种读音，多的有十几种，音读（就是模仿古汉语的发音）有的是唐音、汉音，有的是唐宋音，训读有至少一种（日语固有的读音）。明治维新以后，日本学习西方文化，为翻译西方大量的人文、社会、自然科学的书籍，创造了大量汉字词汇，如"电信""铁道""政党""资本主义""哲学"等等，同时赋予固有的汉字词汇以新义，如"革命""文化"等等。后来这些词汇也传入中国，使得日语对现代汉语的发展产生了一定影响。20世纪80、90年代之后，以动漫为主的日本文化风靡中国，又有很多新鲜词汇融入汉语，比如"亲子""耽美"等。同时，由于中国的改革开放取得的成功，日本也越来越重视中国的情况，一些日语里没有的汉语新词汇也被照搬入日语，比如"晚婚晚育"等。汉语和日语在历史上始终呈现出紧密的互动，这与两国政治、经济、文化等各方面的广泛交流是分不开的。日语教学过程中，这些互相融合的语言文化对中国的学习者来说，相对于欧美的学习者，是一种优势。特别是学习日语当用汉字时，没有哪个国家的学习者能超过中国学习者。此外，同属于东方儒佛文化圈的中国和日本，在价值观、传统思想方面有着共源的特点。例如中国和日本都崇尚"和为贵""仁礼孝"等，文化差异性小，这就减少了中国的日语学习者跨文化学习的压力。有效利用汉语与日语语言上、文化背景上的相似或相近的特点，促进汉语固有知识和经验在日语学习过程中的正迁移，是日语教师必须坚守的原则。

说到学习迁移，中国的学生在学习日语之前，许多人第一外语学习了英语。这种东西方文化差异很大的语言学习，开拓了学习者跨文化学习的能力，日语近代以后大量引进西方文化，语言词汇中也有大量的外来语。在学习迁移中，教师也应该关注到英语学习对日语学习的迁移作用。

2. 努力克服母语的干扰作用

汉日语言的相近性可以为中国的日语学习者学习日语带来便捷，也会带来困扰。首先，日语中虽然使用大量的汉字，但是有些日语汉字的语义已经与现代汉语的意义截然不同。例如"外地（がいち）"是外国的土地之意；"喧嘩（けんか）"是吵嘴、打架之意；"娘（むすめ）"在日语中指"女儿"。还有些日本人自主简化了的汉字，与汉语相近却不相同。例如日语的"調査書"与汉语的"调查书"是完全不同的三个字。还有日语自主创造的汉字，如"辻（つじ）"

（十字路口）。相近才会容易出错，母语的干扰此时有副作用。

此外，日语中的长短音、促音、浊音等发音是汉语中所没有的。汉语的语序是"主-谓-宾"结构，日语是"主-宾-谓"结构，谓语在句子末尾，对于习惯汉语表达方式的学习者来说，语言思维的转换是学习的最大困难。日语的句子成分在句子中的作用和地位是由助词来决定的，语序不决定语义，这些都与汉语有很大差异。学习者对于语言规则的认识、掌握、熟练过程中，必然会遭遇到母语的强烈干扰，所以，在初学者乃至于学习很长时间日语的学习者身上，总能发生"汉语式日语"的情况。此时，教师的指导就能发挥积极作用。

教学过程中，教师在排除母语干扰方面要选择好的材料，合理分配时间，安排好教学重点，精心设计练习体系，教授时需要"提点学生"，不必要展开分析，不能在有限的课堂教学时间内全力专注于区分汉语、日语，要引导学生有目的、有计划地克服母语的干扰。

3. 把握母语使用原则

分析一般外语学习者能在有限范围内用外语思维的原因可以得知，这不是从学习初始就排斥母语的结果，而是反复操练和反复使用外语进行真实交际的结果。学生在学习和使用日语语言必然要经历两个阶段：一是日汉、汉日的翻译过程，这是学习的初级阶段；二是完全用日语思维，排除翻译的过程，这是学习的高级阶段。学生在掌握外语过程中，总要经历"自觉到不自觉"的过程，也就是先借助母语作为外语与概念的中介来学习和使用外语，而后逐渐摒弃这个中介，在外语和概念之间建立起直接联系，这是使用外语的内部心理机制的一个质的变化。掌握外语的过程就是实现飞跃的过程。而要实现飞跃，关键在于反复实践。

学习者在控制使用母语翻译过程中，有积极和消极两种类型：自我调控能力强、能自觉训练排除母语翻译过程的学生，进步快，口语能力强，语速快，属于积极的类型；反之，是消极类型。为促进学生抛开母语中介，达成学习质的飞跃，教师对学生学习的有效指导，需要引导学生在听力、会话、阅读、写作过程中逐步养成"直读直解"的习惯，学会用日语思维。教师在课堂上尽量不说或者少说汉语。同时直观释义法或者日语解读法都是有利于克服母语干扰、培养日语思维能力的有效教学方法。

在教学过程中，对待母语汉语既要控制使用又要利用。翻译法只讲利用不讲限制，直接法只讲限制不讲利用，两者都具有片面性。用翻译法释义是最节省时间的授课手段，但是，它并不是最理想的手段。由于语言并不是一一对应的，翻译释义有时候很危险，容易引起学生片面理解词汇意义，造成语义误读。例如，"勘定（かんよう）"有计算、估计、算账、账款、考虑、顾及等意义；"怪我（けが）"有受伤、负伤、过错、过失等意义。可以看出，一个词会产生多种意义，用许多的汉语词汇来翻译，只会带来记忆困难。所以，无论是从语言思维的培养角度还是从准确认知并正确运用语言的角度，我们都建议用日语授课。

何种情况下可以使用汉语翻译，可以参考如下情况：

第一，用日语或者直观法难以释义的词汇、成语、句子、语篇可以适当使用汉语翻译或解释，节省教学时间。

第二，作为检查学生对知识的掌握情况的手段，教师可以用翻译法。

第三，区分日、汉语言规则和概念时，可以适当使用汉语翻译。

第四，区分日语近义词意义时，可以适当使用母语翻译。

（六）处理好语言知识教学和语言技能教学关系的原则

在语言学中，当语言和言语作为术语而对立使用时，语言指的是语音、语法、词汇系统；言语指的是用语言进行听说读写交际活动。语言是社会共性的，言语是个人差异性的、具体的。在日语教学中，重视语言，就会以教授语言形式、结构规则为主，以分析讲授为教学模式，教学活动中心是教师，教学设计多为封闭的、固定的模式；重视言语，就会以语言实践为主，以学生为活动中心，根据语言话题、内容、语义、语境等的变化，教学设计多为开放的、弹性的模式。

日语知识的获得和能力的培养究竟是怎样达成的，听说习惯习得理论认为，"语言是习惯的体系"，外语学习靠模仿记忆，反复操练，直到新的语言习惯形成。但是，它重视语言学习的条件反射训练，忽视人的主观能动性、逻辑思考力和理论知识的作用，有其片面性。认知学习理论认为，语言学习是一种创造性的活动，要重视智力和掌握语言规则，但是它对语言技能的形成需要通过反复实践认识不足。掌握一门语言，语言知识是基础，是言语能力形成的前提保证，言语技能是语言学习的最终目标，使学生能自如准确运用语言进行交际活动，是日语教学的根本目的和任务。日语教学必须要把语言知识学习和言语技能训练作为同等重要的任务来完成。

语言知识是有限的，词汇、语法是约定俗成的，有一定规律可循。选取难易度、知识内容都符合教学目标设计的教科书，设计合理的教学计划和课程计划，这样在教师的指导下，学生就能够达成掌握知识的目的。言语技能的培养则需要更长的时间。J. 布鲁纳认为，学习一门学科，包含 3 个几乎同时发生的过程，即：知识的获得、知识的转换和知识的评价。R. M. 加涅则认为学习过程存在 8 个阶段，即：引起动机阶段、了解阶段、获得阶段、保持阶段、回忆阶段、概括阶段、作业阶段和反馈阶段。奥萨贝尔确认一个完整的学习过程包括 3 个阶段即：习得阶段、保持阶段和再现阶段。我们认为，外语知识的掌握过程由 5 个认识活动的环节构成，即教材的直观、教材的概括、教材的识记、教材的保持和教材的具体化。教材的直观和概括是由教师主导完成的，教材的识记、保持和具体化是学生的行为，必须通过反复训练、巩固记忆才能达到纯熟。所以，比较起知识的传授，教师在对学生进行听说读写能力培养方面要付出更多的努力和设计。

处理好语言知识教学和语言技能教学关系，对于教师有以下基本要求：

1. 课堂教学要重视语言实践，精讲多练，以练为主

正确使用语言需要懂得概念和理论，但是教学过程中至关重要的与其说是传授语言知识，讲授语言理论，不如说是培养言语能力，让学生掌握语言使用方法。许多教学法专家提出课堂教学的讲练比例应该为 1 : 5。教师的讲解是必须的，在讲授方面重在"精"：第一是精选语言材料；第二是精练地、精确地讲解语言。多练是对立于讲而提出的，多练不仅仅指练习量多，练习时间多，更重要的在于善练：第一是指练习要科学化；第二是指练习要有针对性、目的性；第三是指练习要有助于培养听、说、写等语言交际能力；第四是指练习要符合学生的

外语学习心理过程。

2. 语言技能培养方面要四会并重、阶段侧重、全面提高

听、说、读、写既是教学目的，又是教学手段，无论从交际的角度还是从教学的角度来看，这四个方面都是一个整体，相互联系、相互制约、相互依存、相互促进的。

说和听属于口语能力，阅读和写作属于书面语能力。外语口语的学习过程是从听开始，学生通过听来模仿、记忆、重复学会说，听为说提供了范例，创造了条件；会说的话是一定听懂的，说可以提高听的准确性。阅读可以接触更多的语言材料，对写作乃至于听说能力提高都有促进作用；写作能促进口语表达的逻辑性和语言表达的准确性。听和读是吸收语言材料的过程，说和写是表达思想的过程。日语教学要在广泛听和读的基础上进行说和写的训练，在说和写的活动中巩固听和读所获得的语言材料，要做到听说读写四项基本技能并重，全面提高言语能力。

大脑生理学的实验表明，听说读写各有各的生理机制，对某一个言语技能的训练必须要独立进行，不能相互替代。一般来说在初级阶段的日语教学中，口语能力培养是主要任务，要侧重听说能力的培养，以读和写的练习来巩固听说训练中掌握的语言材料；中级阶段在继续发展口语的同时要加强读、写的训练；高级阶段阅读的训练成为首要任务，同时兼顾口语训练。

3. 语言知识教学方面要处理好课文教学和语音、词汇、语法教学的关系

语言体系内部包括语音、词汇、语法三个要素。语音是语言的外壳，词汇是语言的建筑材料，语法是一个个孤立的词汇的黏合剂，三者统一，才能使语言成为交际的工具。

外语教学大纲是把学生必须掌握的词汇和句型按照五十音图的顺序逐一列出，语法项目归类列出。但是，大纲只能是教学纲要和指导，不能够代替教科书应用于教学过程中。教科书有别于大纲的重要一点就在于其设计还包括课文、练习，它把孤立的语言三要素按照一定计划，选择合适的语篇并按照一定顺序串联起来。因此，我们在教学中要依据和善于运用这个体系，发挥课文的知识内涵、

思想内涵、练习体系的作用，达到掌握语言和运用语言的目的。所以，在处理语言要素的权重方面，我们首先要关注黏合语言三要素的课文。

课文教学规定了语法、词汇、语音知识的讲解范围和教学内容，按照初、中、高级阶段技能教学的不同侧重，课文教学在方法上可以发挥统筹、协调的作用。

课文教学不能全部解决语言规则的问题，如果不能有效地解决语音、词汇、语法的问题，课文的教学也无法进行。所以，对语言三要素的单项训练也不容忽视。有的教师在精读课教学上采取先讲生词，再讲语法，然后进入课文和练习；也有的教师以课文段落为单位，逐段讲解生词和新的语法。两种做法都有利弊。

先讲新知识就会略讲课文，语言的练习会集中在一个个知识点上，对掌握新知识有益，对统合课文进行综合训练会有所不足；逐段讲解新知识点，会以本课要解决的问题为核心，不利于新知识点的系统化和单独训练。教学过程中无论采取哪种做法，如果能够做好教学设计，有意识规避这些弊端，就能够保证教学方法的合理性和科学性。

我们建议根据日语不同教学阶段，采取不同的教学模式：初级阶段重在听说，对学习者来说，新知识多，语法规则入门较难，所以要以先讲知识后讲课文为主，无论是语言知识教学还是课文教学都要贯彻听说领先、以练为主的方针；高级阶段重在阅读，新的语法规则减少，词汇量增大，词汇学习属于机械记忆的内容多，可以安排课前预习来解决，此时可以围绕课文开展教学。

还应该明确的是，在课文内的语言知识是零散的、非系统的，缺乏规律性的。一段时间对语言知识的归纳整合，使知识系统化，有助于学生建立起学科知识结构，宏观把握知识。

4. 课堂内外都要关注知识的巩固和应用

教学活动是不间断地、连续地进行的。学生要不断地学习、记忆新知识，人的记忆和遗忘是同一事物的两个方面，在学习新知识的同时必然会产生对旧知识的遗忘，因此在教学中需要进行不断的巩固工作，通过练习、复习帮助学生牢固地掌握所学知识。巩固的意义不仅在于强化旧知识，也有助于学习新知识，因为知识是有内在联系的，旧知识是新知识的基础。

在教学中贯彻这一原则，对教师有以下基本要求：

1. 在理解的基础上巩固。对于所学知识的理解是巩固的前提。教师首先应当保证学生学懂学会，才有可能获得巩固的良好效果。

2. 保证巩固方式的科学性。心理学研究揭示了关于记忆和遗忘的一些规律，按照这些规律组织安排，可以提高巩固的效率。教师应当熟悉并且善于运用这些规律。

3. 巩固的具体方式要多样化。除了常见的各种书面作业外，教师应当善于利用各种不同的方式帮助学生巩固所学知识，比如调查、制作、实践等，都能够使学生通过将知识运用于实际有效地达到巩固的目的，并且能够促进学生多方面的发展。

4. 保证学生的身心健康。并不是作业越多巩固的效果越好。合理地安排巩固是考验教师教学能力的一个重要指标。

5. 恰当地把握教学难度。什么样的程度和水平最符合量力性的要求，很难有固定、确切的具体标准，需要根据心理学揭示的普遍规律和对学生的具体研究，由教师自己来把握，这是教师劳动创造性的体现，是需要教师不断思考、不断解决的问题。

（七）教学评价要促进教学质量的原则

教学评价是依据教学目标对教学过程及结果进行价值判断并为教学决策服务的活动。教学评价是研究教师的教和学生的学的价值的过程。教学评价一般包括对教学过程中教师、学生、教学内容、教学方法手段、教学环境、教学管理诸因素的评价，但主要是对学生学习效果的评价和教师教学工作过程的评价。教学评价的两个核心环节：对教师教学工作（教学设计、组织、实施等）的评价——教师教学评估（课堂、课外）、对学生学习效果的评价——即考试与测验。评价的方法主要有量化评价和质性评价。对教师实施的教学评价主要包括三类人群：教育管理部门的负责人（包括督导）、同行、学生。在学校教育中对学生实施评价的主要是教师和代表各级各类教育管理部门组织的考试评价。教学评价的方法包括：测验、征答、观察提问、作业检查、听课和评课等。教学评价的作用主要在于以下方面：

1. 诊断作用。对教学效果进行评价，可以了解教学各方面的情况，从而判断它的质量和水平、成效和缺陷。全面客观的评价工作不仅能估计学生的成绩在多大程度上实现了教学目标，而且能解释成绩不良的原因，并找出主要因素。

2. 激励作用。评价对教师和学生具有监督和强化作用。通过评价反映出教师的教学效果和学生的学习成绩。经验和研究都表明，在一定的限度内，经常进行记录成绩的测验对学生的学习动机具有很大的激发作用，可以有效地推动课堂学习。

3. 调节作用。评价发出的信息可以使师生知道自己的教和学的情况，教师和学生可以根据反馈信息修订计划，调整教学的行为，从而有效地工作以达到所规定的目标。

4. 教学作用。评价本身也是一种教学活动。在这个活动中，学生的知识、技能将获得长进，智力和品德也有发展。

日语教学法讨论教学评价的原则，主要是从教师评价学生的角度出发。对教师有以下基本要求：

1. 明确多次评价的目的和评价对象，以解决评价的方向性问题。

2. 明确每次评价的内容、评价的具体目标。

3. 明确为评价而准备的条件。

4. 对评价资料进行客观、科学地判断。

（八）重视跨文化交际能力培养的原则

外语教学的主要目的是培养学生的交际能力，而交际能力主要是由语言能力和社交能力构成。交际是通过言语和非言语行为来实现的，不了解对象国的文化不可能真正具备跨文化交际能力，交际行为也受使用者的文化制约，同时也是其文化的载体。在日语教学中，对跨文化交际能力的培养应着重研究干扰交际的文化因素。这些因素包括语言手段、非语言手段、社交准则、社会组织、价值观念等。语言包括词语的文化内涵、篇章结构、逻辑思维以及翻译等值等。非语言手段指手势、身势、服饰、音调高低、微笑、沉默、对时间与空间的不同观念等。社交准则则泛指人们交往中必须遵循的各种规则以及某些风俗习惯。社会组织指家庭中各成员的关系、同事朋友关系、上下级关系等。价值观念包括人与自然的关系、宗教观念、道德标准以及人生观、世界观等。

重视对学生跨文化交际能力的培养，主要作用在于：

1. 了解不同文化的交际功能模式，能使学生进一步意识到不同文化背景的人们惯用的言行交际方式。

2. 了解不同的文化行为及其功能，能增强学生对不同文化背景的人们的通常行为的了解，并把它们与受自身文化影响的行为联系起来。

3. 了解不同文化背景的人们的人生观、价值观、世界观及道德标准，能增强学生对自身文化的意识以及对不同文化、不同道德标准的人们的理解。

4. 了解不同文化背景的人们的日常生活模式和言语及非言语行为方式，重点是人们日常生活中的常见行为，能帮助学生了解具体情景的行为原则。

在日语教学中贯彻这一原则，对于教师有以下基本要求：

1. 明确跨文化能力培养的主要任务，即培养学生对人们的行为都会受到文化的影响的理解力；培养学生对社会会受到诸如年龄、性别、社会阶层、居住地等影响人们的言行方式而变化的理解力；增强学生对在一般情况下日本文化中常规行为的意识；增强学生对日语中的词和短语的文化内涵的意识；培养学生用实例对日本文化进行评价和完善的能力；培养学生获取日本文化信息并对其进行加工整理的能力；激发学生对日本文化的求知欲并鼓励学生体验与日本人的文化共鸣。

2. 掌握跨文化能力培养的基本方法，如对比法、交际法、演示法、实物以及图片参照法、讨论法等。

3. 注重行为文化的导入，要把语言习得和文化习得有机结合起来，使学生通过学习获得语言能力、言语能力和交际能力。

任何一个教学原则的确定都要符合教育现代化的目标。教育现代化的内在特征表现为教育民主化和教育主体性。教育民主化包括受教育的机会均等——不仅是指入学机会均等和获得知识方面的均等，还包括充分发挥每一个个体的内在潜力以获得本领方面的均等；均等地改变所有教师和学生学习、工作和生活条件；师生关系的民主平等等含义。教育主体性有两层含义：一是尊重学生个体的主体性，让学生主动地、自由地负责；二是尊重教育的自主权，尊重教育的相对独立性，打破模式化教育，用多样化教育造就富于个性的一代新人。

第二节　日语教学目标体系及要求

任何一种教学活动都是在一定的目标体系指引下进行的。日语教学论对日语教学的内容体系做了明确规定，但是内容教学还是以知识和技能为根本。按照现代教育观念的要求，我们在学科教学中不仅要获取知识，掌握技能，还要从人的综合素质提高的角度，对日语教学提出相应的能力目标。在教学过程中，教师要关注培养学生的各种能力，促进日语知识与技能的掌握，从而促进学习者综合能力素质的提高。因此我们从能力目标与内容目标两个层面来揭示日语教学的目标体系。

一、日语教学的内容目标

（一）义务教育阶段日语教学的内容目标

按照义务教育阶段日语课程总目标的分级要求，国家 2003 年颁布的初中日语课程标准中，从语言知识、语言技能、文化素养、情感态度和学习策略五个方面提出具体的内容标准。其中，对语言技能提出三个级别的内容标准，而对语言知识、文化素养、情感态度和学习策略只提出第三级的内容标准，以体现教学内容的灵活性，便于操作。（注：以下内容参照国家课程标准——义务教育阶段日语课程内容标准）

1. 语言知识教学内容目标

语音教学的内容包括：能熟练背诵五十音图，认读并按照声调符号正确读出所有用假名书写的词语；初步掌握各类声调以及最基本的用言活用形式的声调变化。了解元音的清化现象；掌握陈述句、疑问句、感叹句、祈使句等各类句子的基本语调；能用接近正常的语速和比较标准的语音、语调朗读课文，进行简单的回忆。

词汇教学的内容包括：初步了解日语词汇的音读和训读；掌握约 800 个常用词的基本词义和用法。

语法教学的内容包括：了解日语在语序和句子结构上的特点、主要词类的基本功能和常用助词的基本用法；初步掌握用言的基本活用形式。掌握部分常用接续词和副词的用法，有关时间的主要表达方式；掌握陈述句、疑问句、感叹句、祈使句等各类句子的基本用法。

2. 言语技能教学的内容目标

言语技能教学对听、说、读、写四项技能共分三个层级提出内容目标。一级为低级目标，三级为高级目标。

听的一级目标为：能听懂简单的授课；能听懂课堂活动中简单的指令并做出适当反应；能听懂语速慢、程度相当的话语或录音材料；能在非语言提示（如图片、手势等）的帮助下，听懂有个别生词的语段。二级目标为：能听懂基本的课堂提问；能听懂课堂活动中的指令并做出适当反应；能听懂语速较慢、自己所熟悉话题的语段；能借助提示听懂语速较慢、有个别生词的短小故事。三级目标为：能听懂一般的课堂提问；能听懂接近正常语速、话题熟悉的语段；能听懂连续的指令并根据要求完成任务；能通过语境和非语言提示推测生词的意思，把握语段的主题，获取主要信息。

说的一级目标为：能根据实物、图片或动作正确说出单词，发音基本正确；能恰当运用一些最常用的寒暄语；能就所熟悉的话题做 2~4 个回合的问答。二级目标为：能利用非语言提示，简单描述自己熟悉的事。语音、语调基本正确；能用较慢的语速，提供五六句个人信息；能就所熟悉的话题做 4~6 个回合的问答；能用较慢的语速进行简单的值日报告。三级目标为：能就熟悉的话题提供信息，表达个人的意见。语音、语调基本正确；能用接近正常的语速，简单描述周围的人和事；能就所熟悉的话题做 6~8 个回合的问答；能用接近正常的语速对话题做简短的说明，表达基本准确。

读的一级目标为：能正确认读假名及所学单词；能正确朗读课文；能根据图片认读、理解单词及短句的意思。二级目标为：能用接近正常的语速、有表情地朗读课文；能借助图片、注释和生词表等读懂浅显的语言材料，生词不超过 1%。三级目标为：能用正常的语速，有表情地朗读课文；能借助工具书读懂简短的说明文、应用文和简单的信件，生词不超过 2%；能从简单的文章中找出所需信息，理解大意。

写的一级目标为：能正确书写平假名和片假名及所学日语汉字；能模仿范例写出简短的句子；正确写出最常用的寒暄语。二级目标为：能正确使用基本的标点符号；能在教师的指导下看图写出 50~100 字的短文；能参照范文写出简单的贺卡和留言。三级目标为：能根据提供的语言材料，写出 100~150 字的短文，语句基本通顺，格式正确；能写简短的信件和日记；能根据图片写出简短的叙述文。

3. 文化素养教学的内容目标

文化素养教学内容包括文化背景的教学、言语行为特征的教学、非言语行为特征的教学三个组成部分。关于文化素养的教学内容目标，在课程标准中只规定了第三级，即高级目标。

文化背景知识的教学内容目标为：初步了解日本的地理位置、国土、人口、首都、四季以及樱花、富士山在日本文化中的象征意义；初步了解日本中学生的学习和生活、日本人的家居特点、饮食习惯；初步了解日本的大众体育活动、主要节假日及庆祝方式等；初步了解日本的一般交通状况。

言语行为特征教学的内容目标为：初步了解日本人的称呼习俗；初步了解日语交际中常用的委婉、含蓄的表达方式；初步了解表达问候、告别、请求、感谢、原因或理由时应该注意的问题。

非言语行为特征的教学内容目标为：初步了解日语交际中点头、微笑等的含义；初步了解日语交际中鞠躬、坐姿等一般礼仪；初步了解日语交际中遵守时间的重要性；初步了解日语交际中说话声音大小的适宜程度。

4. 情感态度教学的内容目标

情感态度的教学内容包括兴趣动机、自信意志、合作精神、祖国意识、国际视野五个组成部分。情感态度的学习在课程标准中也只规定了第三级目标。

兴趣动机的内容目标为：有学习日语、了解日本和其他国家的兴趣和愿望，并将这种兴趣和愿望迁移到主动学习日语上来；有明确的学习动机，保持积极的学习情绪，乐于参加各项日语实践活动。

自信意志的内容目标为：能在日语学习活动中克服害怕心理，大胆模仿，敢于用日语表达；能体会日语学习过程中的乐趣，体验获得成功的喜悦，树立学好日语的信心；能努力克服学习日语中遇到的困难，磨炼意志。

合作精神的内容目标为：能在日语学习的各种活动中积极与他人合作，相互帮助，共同完成交际性学习任务。

祖国意识的内容目标为：能通过日语学习，进一步理解祖国的语言文化，增强民族自豪感。

国际意识的内容目标为：能通过学习日语，开阔视野，关注并理解他人的情感，具有初步的跨文化理解意识和国际意识。

5. 学习策略教学的内容目标

学习策略的内容目标包括认知策略、调控策略、资源策略、交际策略四个组成部分。课程标准对学习策略也只规定了第三级目标。

认知策略的内容目标为：利用图像、声音、动作和联想等方法记忆所学知识；大胆模仿，大声重复所学语言材料；根据自己的学习特点课前预习，课后复习；通过问答和自我表述等形式加深理解；根据语境推测没有听清、没有看懂的部分；学会记笔记，用提纲、图表等方式归纳整理所学知识；适当比较中日语言的异同点，帮助理解和掌握所学知识。

调控策略的内容目标为：通过努力学习，体验成就感，树立信心；遇到挫折时，客观分析失败的原因，克服消极情绪；在日语学习活动中体验合作的乐趣，保持良好的合作态度；多从正面评价自己，合理地开展自我奖励和惩罚。用以激发学习兴趣，开发学习潜能；通过各种学习活动及时自我反馈，了解自己的学习状况，监督学习过程，摸索适合自己的学习方法，维持或修正学习行为。

资源策略的内容目标为：合理地管理自己的学习时间，制定可行的学习计划；努力创造一个光线强度适中、整洁安静的良好学习环境；通过合作学习等形式，努力建立良好的同学关系，营造融洽的学习氛围；充分利用他人、集体对自己的督促作用，促进自己的学习；充分利用各种信息来源，扩大日语及相关信息的摄取量，增强语感，扩充背景知识。

交际策略的内容目标为：在课内外学习活动和日常生活中，积极寻找机会用日语与他人交流；在交际中，把注意力集中在意思的表达上，不过多地顾虑词语表达的准确与否；必要时借助手势、表情等进行交流；交际中遇到困难时，不轻易放弃，能有效地寻求多方帮助，设法将交际继续下去；在交际中意识到中外交际习俗的差异，能设法选择得体的、对方容易接受的表达方法。

关于全日制普通高级中学的日语学习，国家颁布的教学大纲中对学习内容和目标也做了明确的规定。按照一级目标和二级目标的方式，为这一阶段的日语学习提出了明确的要求，简单介绍如下：

一级目标是全日制普通高级中学毕业的较低水平；二级目标是较高水平。一级目标和二级目标的教学内容相同，而对语言运用能力的要求不同。例如，对听力教学的要求中规定，一级目标要听懂语速为每分钟100个词的谈话，二级目标要求听懂语速为每分钟120个词的谈话；对阅读速度的要求，一级目标为每分钟50~70个词，二级目标是每分钟70~80个词。这种划分方式，是基础教育贯彻"教育人性化"的理念的反映，体现教育的不同阶段对教学要求的制定也应有其特点。

（二）高校日语专业教学的内容目标

目前我国的日语教育是以社会力量办学和大中专院校的日语教育为中心开展，基础教育中的日语教学不占据日语教育的主导地位。而在大中专院校的日语教育（包括日语专业）中，由于"零起点"学习者为多，专业的日语教育也是以基础阶段教学和高级阶段教学两个层次开展。

高等院校日语专业课的教学要求，由于受学校性质、学科培养目标等的限制，对专业课、必修课、选修课的划分各有特点。开设课程的门类不同，课程名称及开设的时间、周学时数也不同，各学年教学要求的制定也有所差异。总之，参考我国各级各类的日语教学纲要以及国际日语能力考试对于不同级别考试的要求，我们将日语语言和技能教学目标、要求按照基础阶段与高级阶段简单地归纳如下：

1. 基础阶段教学的内容目标

大学一、二年级的日语教学内容标准主要针对大学日语专业（零起点）一、二年级的教学，以及社会力量办学中的最初一、二年内的日语教学。

日语专业基础阶段的教学基本要求是：

（1）学年教学要保证不低于 500 学时，两年内学生应该掌握现代日语语音、语法、词汇的基本知识，具备听、说、读、写日语的基本技能；能够在所学语言材料范围内正确、熟练地运用日语进行口头、笔头交际，为进一步学习日语打下坚实的基础。

（2）掌握日语语音的基础知识，朗读或说日语时，发音、语调基本正确，合乎规范，没有明显的语音错误。

（3）掌握日语基础语法，概念清楚，对日语语法中的主要项目、难点理解确切，在语言实践中能够正确运用，无大错误，不影响交际功能。

（4）接触日语单词 8 000 个左右，基本句型 250 个以上，惯用词组 200 个以上，其中积极掌握不少于一半。

（5）在听的方面；能听懂日本人一般性的讲话，听懂难易程度与所学课文接近的各种文章的录音。其中生词不超过 3%，没有生疏的语法现象。

（6）在说的方面，能较流利地进行日常生活会话，能与日本人进行一般交际性和事务性交谈，能在已学过的题材范围内进行 3 分钟以上的连贯性发言，无明显的用词与语法错误。

（7）在读的方面，能朗读生词不超过 3%，没有新的语法现象的各种题材的文章，要求读音正确，有表情。能不借助词典快速阅读难易程度与所学课文接近的文章，内容理解确切，并能口头用日语叙述大意。能借助词典阅读非专业性的一般日文报刊。

（8）在写的方面，能记述和改写听懂和读懂的文章，能在两小时内写出 600 字以上的应用文、记叙文，文理通顺，语法、用词基本正确。

2. 高年级阶段教学的内容目标

日语专业三、四年级的教学内容是一、二年级日语教学的延伸，与基础阶段的教学相衔接。在进一步练好听、说、读、写、译几个方面基本功的同时，还要扩大视野，拓宽知识面，学习日本文化、文学等方面的内容。参考《高等院校日语专业高年级阶段教学大纲》，对这一阶段日语教学提出以下要求：

（1）知识结构目标：按照高等院校日语专业高年级阶段教学大纲的要求，高级阶段的日语教学从语言知识教学转入语言理论、与语言相关的专业知识与理论的教学，需要结合专业选择教学重点和内容。因此课程的具体设置由各学校根据培养目标适当掌握，大纲只是对课程的目标本身做了详细的规定。

（2）语言技能教学目标：高等院校日语专业高年级阶段教学大纲对于语言技能的培养目标也做了明确规定，从听、说、读、写、译几个侧面提出具体要求。

听的内容目标为：能听懂日本人用普通话以正常语速所做的演讲、谈话，反应快，理解正确，并能复述中心内容；对电视节目、现场采访的广播及带地方口音的日本人讲话，听后能抓住主要内容和重要情节。

说的内容目标为：能用日语较正确地表达自己的思想、感情，能与日本人自由交谈；经过较短时间的准备，能用日语即席发言或发表学术见解，就熟悉的内容进行讨论或辩论，阐述观点；日语语音语调正确、自然，表达通顺流畅，无影响内容理解的明显语法错误；能根据不同场合、不同对象正确选用不同的语言表达方式，尤其在词义的褒贬、敬语的使用及语气、色彩的把握方面基本无误。

读的内容目标为：能读懂专业性很强的科技资料以外的现代日本文章，除了最新外来语、流行语及个别生僻词汇外，基本没有生单词；能读懂一般性日语文章，能理解作品的主要内涵和意境；能较好地归纳、概括其主要内容；能独立分析文章的思想观点、文章结构、语言技巧及文体修饰；对于古文、和歌、俳句等古典作品或文章，借助工具书、参考注释能读懂大意。

写的内容目标为：能用日语写出格式标准、语言基本正确、内容明了的书信或调查报告等各种文体的文章；能写内容充实，具有一定广度和深度的说明文、议论文以及论文；在构思成熟的前提下，写作速度可达每小时 600~700 字，语言基本上正确得体，无明显语法错误，用词恰当，简敬体使用正确。

译的内容目标为：口译时，能在无预先准备的情况下，承担生活翻译；经过准备后，能胜任政治经济、文化等方面的翻译；忠实原意，语言表达流畅，并能区别各种不同的语感和说话人的心态。笔译时，能翻译用现代日语撰写的各种文章、书籍；借助工具书和注释能翻译一般日文古文。汉译日时，能翻译《人民日报》社论程度的文章，每小时能译 400~500 字（相当于 1 000 日文印刷符号）。日译汉时，每小时能译 500~600 字。翻译文艺作品时，作品的预期意境及文体风格与原文基本相符，重要内容正确。

（3）实践教学目标：日语专业高级阶段教学目标还包括毕业论文和毕业实习。

毕业论文的撰写主要是培养学生书面语言的运用能力，掌握论文的写作方法，提高思考、分析和解决问题的能力。毕业考试合格者可以撰写论文。论文的选题要在所学课程范围内；论文要有独立见解；引用观点等要注明出处；字数 6 000~8 000 字左右。

毕业实习是为了使学生将所学的理论、知识切实地应用到实践中，弥补课堂教学的不足，强化课程所学的知识，提高学生在实践中独立思考和解决问题的能力，为毕业后走入社会做好准备。高等教育人才培养质量与规格的改革不断深入，社会对外语人才的需求从研究型转向实践型，为适应社会对外语人才的需求，各高校也在实习实践课程计划、课程类型、课时量、模式、评价体制等方面做了积极的探索，增添了如见习、顶岗实习、海外实践、社会实践等新的模式。有的高校日语专业提出了赴日本半年海外实习的计划；有的高校将日语专业实习实践时间从过去的 6 周提高到 4 个月，这些实习、见习的课程设置在大三和大四的各个学期，分阶段、分目标为学生创造接触社会的机会，搭建语言实践平台。对学生的实习、见习的成绩评定主要从工作态度、业务水平、工作成绩、实习或社会实践报告几方面考核，由实习岗位指导教师和学校的带队教师评价。

二、日语教学的能力培养目标

（一）语言知识能力培养目标

语言作为系统是一个整体，作为语言结构的三要素，语音、词汇、语法是日语知识教学的核心部分。语言理论知识的教学就是对语义的辨析、语义概念的解读、语言规则的介绍和使用方法的训练。

1. 语音能力培养目标

日语语音能力培养主要指培养学生有助于顺利掌握日语语音的所有能力。这个能力要素包括遗传生理的和后天培养的几个方面。只针对一般正常学习者而言，它主要包括：能够区分日语语音（音位）的辨音能力；能够准确再现日语语音的发音能力；听觉和动觉的控音能力；发音动作的协调能力；具备自动化言语动作熟练的能力；感知和再现日语语调的能力等。

2. 词汇能力培养目标

日语词汇能力培养目标主要包括：有助于学生生成对词汇的感性认识的形象记忆力（听觉、视觉和动觉的）；迅速而准确地区分近似词的能力；迅速形成新的概念的能力；区别词义的能力；迅速理解词的具体（上下文的）意义的能力；识记各种日语词组、短语、成语的能力；在感知日语时迅速认知和理解词的能力；迅速找出必要的日语词来表达自己的思想的能力等。

3. 语法规则能力培养目标

日语语法规则教学的能力培养目标主要包括：学生的分辨各种词类和句子成分的能力；察觉日语词汇结构及语法特点的能力；根据语法规则变化单词并将词汇连成句子的能力；迅速而准确地辨认和再现各种句法结构的能力；正确掌握词的一致性关系的能力；具备正写和正读的熟练能力等。在修辞方面，要具备概括语体词汇和语法特点的能力；辨认和再现各种语体的能力。

（二）日语技能的能力目标

语言是用于交际的工具，人们通常是采用听解、会话、阅读、写作的方式进行交际，因此，外语教学论将"听、说、读、写"称为外语学习的四项基本技能，简称"四技"。技能是指身体各部分的灵巧动作或感官的敏锐程度。外语的"四技"训练、实际就是对我们应用外语时的口、眼、耳、手等感觉、听觉、视觉、触觉器官进行的外语适应或外语熟练的训练。在训练这些语言技能的同时，也会逐步提高各种言语能力。

1. 听解能力培养目标

听是获得日语知识和技能的源泉和手段之一。听解是听觉器官的运动过程，也是一种复杂、紧张、富有创造性的智力活动，它要求听者在这种活动的过程中积极地进行感知、记忆、分析、归纳、综合等思维活动。因此，听力训练又是一种重要的智力训练。

根据听的心理特点，可以把听的能力概括为：快速、迅速捕捉和存储信息的能力；辨别各种语音的能力；适应日语语速的能力；长时间的听解能力；综合和概括的能力；判断力等。帮助学生了解听的心理特点，掌握听解能力提高方法，是听力教学关于听解能力培养的目标。

2. 会话能力培养目标

会话又被称为"说"。会话是一种积极的言语活动，是不经分析和翻译，迅速用外语表达思想的一种技能。它不是简单地重复已经学习过的语言材料，而是创造性地组织已经学过的语言材料表达自己思想的一种行为方式。

会话能力是一种复用式言语能力，根据会话的心理特点，可以把会话能力概括为：自如地、创造性地运用已经学习过的语言材料表达思想的能力；注意力集中在会话的内容而不是语言表达形式的能力；敏捷思考和快速运用语言的能力；会话过程中的日语思维能力（或排除翻译的能力）；应对无主题对白的语言交际能力等。帮助学生了解说的心理特点，掌握会话能力提高方法，是会话教学关于会话能力培养的目标。

3. 阅读能力培养目标

阅读是重要的获得语言知识的手段，人们通过阅读实现间接言语交际。特别是在当今信息技术和现代化网络架起了通讯桥梁，网络在线阅读已经普及，获取日语阅读材料的条件比过去成熟许多，通过阅读获取日语知识已经成为一种重要的学习形式。阅读能力是培养其他言语能力的杠杆，所以，阅读能力的培养也是外语学习的一项重要任务。

阅读能力是指感知、识别和理解语言材料的能力。具体包括：辨认词、词组、句子结构的能力；把握段落中心思想和作者思想发展趋势的能力；弄清句、段之间的关系和诸如指示代词的实际内容等方面的能力；对文章整体的综合理解的能力等。帮助学生了解读的心理特点，掌握阅读能力提高方法，是阅读教学关于阅读能力培养的目标。

4. 写作能力培养目标

写作是借助文字符号传递信息的语言活动或语言交际形式，是一种语言输出过程，也是重要的语言交际活动。随着网络的普及，网上交流的频繁，日语应用写作从书信、公文、科学论文、文艺作品等领域扩展到网络信息交际等领域，增强了写作的应用性，对写作能力的要求也逐步提高。因此写作能力的培养也是日语学习的一项重要任务。

写作能力包括：书面造句能力；搜集素材能力；书面语言的运用能力；捕捉灵感能力；构思能力；组织和形成思想的能力等。帮助学生了解写的心理特点，掌握写作能力提高方法，是写作教学关于写作能力的培养目标。

5. 翻译能力培养目标

翻译是在准确、通顺的基础上，把一种语言信息转变成另一种语言信息的行为。其分类有许多种，如：根据翻译者翻译时所采取的文化姿态，分为同化翻译（意译）和异化翻译（直译）；根据翻译作品在译入语言文化中所预期的作用，分为工具性翻译和文献性的翻译。根据翻译所涉及的语言的形式与意义，分为语义翻译和交际翻译；根据译者对原文和译文进行比较与观察的角度，分为文学翻译和语言学翻译；根据翻译媒介分为口译、笔译、视译、同声传译、机器翻译和人机协作翻译、电话翻译等。由于上述分类在语言表达形式上只包括有声语言和符号语言，因此，我们在讨论翻译能力时，只在口译、笔译两个大的概念下展开讨论。

口译和笔译在语言表达的即时性、文学艺术性等方面对译者的要求有所不同。但是，从翻译的心理过程和能力要求上，两者是一致的，仅在各要素内部有所差异，如对译者心理口译的要求是"稳定、快速反应、一次性"等，笔译则强调"精确、仔细推敲、反复"。鉴于此，我们将翻译的能力概括为：双语交际能力、语言外能力、转换能力、职业能力、心理生理能力和决策能力。

（三）跨文化能力培养目标

跨文化学习主要包括跨文化接触、跨文化理解和跨文化交际三个过程。跨文化接触，就是个体通过有选择地借用母国文化来接触跨文化，对跨文化所作的赋有个性特征的统合和再现。跨文化理解就是辩证地认识日本文化的内涵、思想观点。学习者固有的价值观、思维方式会直接影响到对跨文化的理解和认识。跨文化交际又称为跨文化知识应用，主要是指与日本人进行交际时如何避免发生文化冲突，使交际朝向我们期待的目标发展顺利进行。

为达成跨文化理解与交际需要具备各种能力。根据斯皮茨巴克（Spitzberg，B. 1997）关于跨文化交际模型的实验研究表明，跨文化交际能力可以列举为：跨文化适应力、异社会体系对应能力、对焦虑的心理调节力、建立新的人际关系能力、促进交际的能力、对相互关系的干预或参与、理解他人的能力、文化差异的认知能力、对自我与文化关系的认知能力、交际能力、责任管理力、自我同一性探求、会话管理力、坦率程度、灵活处理人际关系的能力、区别力、社会适应力、主张自我意见的统帅力、管理能力等。此外，他还列举出影响跨文化理解与跨文化间交际的诸多要素：如交际的有效性、达成课题目标、交际际能、"软件"移动、注意的深度、非本民族中心主义、领袖风范、非言语行为、对交际的牵挂、文化间的共鸣、文化的相互作用、理想与愿望、从属性不安、协调性、自我意识、顺应性、中介、对人际关系的精通程度、言语交际时的共鸣或有效性、自主行为习惯、性格特征的优点、言语活动的敏感性或成熟度、对个人或家族的适应性、韧性、自信、主导权等。

日语教学关于跨文化的能力培养不在于跨文化接触，重在对跨文化的理解和跨文化交际能力的培养。结合日语学习特点，我们将跨文化能力概括为：意志决断能力；问题解决能力；创造性思考能力；批判性思考能力；有效的交际能力；对人关系能力；自我认识能力；共鸣能力；情感控制能力；对焦虑的处理能力（心理调节能力）。意志决断能力，即明确自我究竟要做什么、想做什么这一目标意识，从而决定自我行为目标和方向；问题解决能力，包括目标设定，其中最重要的是发现问题和选择最恰当的解决问题的方法以及如何达到目标的企划能力；创造性思考能力，即把获得的信息创造性地组合，创造出独特的思考和计划的能力。批判性思考能力，即对获得的信息、经验以客观的方法进行分析的能力；有效的交际能力，即采用言语与非言语形式自我表达的能力；对人关系能力，即与他人保持良好人际关系的能力；自我认识能力，即对自我的性格、优缺点、愿望、好恶等的认识能力；共鸣能力，即对他人的意见、情感、立场、心情能够产生共鸣又不为其所左右的能力；情感控制能力，即对喜怒哀乐等情感的自我控制力；对焦虑的处理能力，即了解跨文化学习过程中产生的焦虑源，为解消焦虑而采取适当措施的能力，也称作心理调节能力。帮助学生了解跨文化理解和交际的心理特点，掌握跨文化学习的方法，是跨文化教学关于跨文化交际能力的培养目标。

（四）情感教学的能力培养目标

达尼艾·格尔曼所著的《情感—心理智能指数》一书从五个方面分析了情感学习能力。即自我认识能力、自我驾驭能力、自我修正能力、共鸣情感产生、社会协调能力。自我认识能力主要是指对自我情感的理解并由此决定自我意志，对自我能力做出客观评价，拥有获得调和的自信。自我驾驭能力是指为推进自我行为而对情感的有效处理，如致力于目标追求、感受成功的喜悦、从苦恼中很快地解脱出来等。自我修正能力是指为了能够朝着预定目标前进而自我激励、自我导向，发挥内心深处的积极动因，如有上进心，率先行动，发生问题或受到挫折时向前看，不受阻挠等。共鸣情感产生是指了解他人的感觉，理解他人的想法，构筑与他人的相互依存关系，调和并保持这种关系。社会协调能力是指有效处理与人交往过程中产生的各种情感，正确理解社会现实和交际网络，能顺利地与他人交流，有劝导、领导能力，在产生对立时能够巧妙交涉，解决纠纷，重视团队协作氛围的创建。

根据这一理论，我们把日语学习的情感态度能力归纳为：学习愿望与兴趣的培养能力；树立良好学习动机能力；调节个人情绪的能力；勇敢、积极地参与语言实践的能力；与他人的协作能力；探索精神与毅力；培养克服困难的勇气和决心的能力；吃苦精神；人际交往能力。帮助学生适时地调节自我学习心理特点，是教师教学过程中对学生情感态度培养的目标。

（五）策略学习能力的培养目标

学习策略是学习者为掌握某种知识和技能所采用的一系列方式方法。通常从四个方面来理解：认知策略、调控策略、资源策略、交际策略。外语能力的形成除了受教学策略的影响外，还需要通过对学生的学习实践活动来体现。日语能力形成的一个重要条件就是学习策略的选择。日本名古屋大学教育学研究科的伊藤崇达根据"失败的努力归属与学习动机没有关系"的结论，对原因归属、学习策略与自我效能感之间的关系进行了调查研究，得出了"与认知的学习策略相比，自我调整学习策略与自我效能感之间的相关更为显著。在诸多的学习策略中，学习者自我调整学习策略最为重要"的结论。这一研究表明，自我调整学习策略对学习成就获得的重要意义。假设我们将学习中遇到的困难看作学习的暂时性失败，那么相应地调整自我的学习策略就是克服困难的最重要的武器。

日语学习活动中策略学习的能力主要包括：选择有效感知、记忆、联想等方法的能力；选择合理预习、复习策略的能力；有效理解知识和概念的能力；主动探索符合日语学习规律的学习技巧的能力；调节学习中自我生理与心理机能的能力；正确评价自我学习的能力；监控自我学习的能力；管理自我学习的能力；在团队学习中发现及借鉴他人学习方法的能力；选择既适合自我个性心理特征又有效促进交际的行为方式的能力。帮助学生了解学习过程的心理特点，掌握学习方法和策略，是学习策略能力培养的教学目标。

第三节　日语课堂教学

一、什么是课堂教学

课堂教学，是教育教学中普遍使用的一种手段，是教师给学生传授知识和技能的全过程。主要包括教师讲解、学生问答、教学活动以及教学过程中使用的所有教具，与"个别教学"相对，也称"班级上课制"，即把年龄和知识程度相同或相近的学生，编成固定人数的班级集体；按照各门学科教学大纲规定的内容，组织教材和选择适当的教学方法；根据固定的时间表，向全班学生进行授课的教学组织形式。

二、课堂教学原则

新课程强调教育不只是让学生获得知识和技能，更应该使学生不断生成智慧和人格。而智慧和人格是在师生、生生的互动中生成的。有效教学理论认为：教学的有效性＝教学内容总量×学生接受内容的百分数。由此可知，有效性的教学取决于两个方面：一是教学内容，二是教学对象。然而，实践证明，有效性教学的决定因素，并非教学内容，而取决于教学对象——学生，即学生对课堂学习的积极性、主动性、专注性。因此，教师在教育教学中，应学会提高学生对课堂学习的注意力，激发学生学习的积极性，使其认知智慧增值。要提高课堂教学的有效性，应该从以下几点做起：

（一）教师要有正确的教学理念

教师是课堂教学的组织者和引导者，在优化课堂教学中起主导作用。教师教学观念和教学业务素质的优劣，对课堂教学最优化起着关键性的作用。因此，教师应积极参加各种教师业务、理论、实践培训活动，努力成为一个教学素质好、基本功扎实、教改意识强、课堂教学最优化的研究者和实践者。不要用自己任教时间长短、对原来教材的理解去按经验教学，认为传授完知识，就完成了任务。而应该通过课堂教学，认真关注学生"是否愿意学、主动学，会不会学"，用这样的理念去指导自己的教学。

（二）组织教学要有严谨性

所谓组织教学，就是要把学生的目光、注意力、情绪、思维集中到课堂上来。组织教学应贯彻教学的始终，其严谨性着重体现在三个方面：第一，教师对所授课程要有严谨的态度。即每次课前认真备课，保证授课内容的思想性、科学性、正确性。第二，对教学过程要严密组织，做到周密思考、张弛有致、紧凑有序。第三，教师对教育对象要严格管理。从上课起立的站姿，课堂上的坐姿和眼神、回答问题、操作练习等，都要严格要求，发现问题及时纠正，不把问题推给班主任，将问题消灭在萌芽状态，从而维持良好的课堂秩序。

（三）提倡新的学习方式

我国基础教育过于强调接受学习、死记硬背、机械训练。因此，新课程强调改变学生的学习方式，倡导建立新的学习方式（包括自主学习、合作学习、探究学习）。学生是学习的主体，提倡学生参与确定学习目标、学习进度和评价目标，在学习中积极思考，在解决问题中学习。为实现互动式、交流式的合作学习，为不同层次的学生提供参与学习、体验成功的机会，在合作学习中有明确的责任分工，促进学生之间能有效地沟通。在探究性学习中，通过设置问题情境，让学生独立、自主地发现问题。通过调查、信息搜集及处理、表达与交流等活动，经历探究过程，获得知识与能力，掌握解决问题的方法，获得情感体验。

（四）创设民主和谐的课堂氛围

心理学家罗杰斯曾指出，一个人的创造力只有在其感觉到"心理安全"和"心理自由"的条件下才能获得最大限度的表现和发展。教育学研究也表明，人在轻松、自由的心理状态下才可能有丰富的想象，才会迸发出创造性思维的火花。课堂教学要实现有效教学，营造一个民主、宽松的教学环境必不可少。首先，要建立充分体现尊重、民主和发展的新型伦理关系。其次，必须尊重每一位学生做人的尊严和价值，不伤害学生的自尊心，还要学会赞赏他们的付出所表现出来的微小的变化及对教科书的大胆质疑和对自己的超越。

此外，要真正提高课堂教学的有效性，还应该做到教学语言要有艺术性、教学方法要有灵活性、教学过程要有情感性、教育手段要有策略性。这既是"传道、授业、解惑"有效性教学必不可少的内涵，又是一名教师综合实力的反映。具备以上几点，非一日之功，需要千锤百炼。

三、课堂教学过程

教学过程即指教学活动的展开过程，是教师根据一定的社会要求和学生身心发展的特点，借助一定的教学条件，指导学生主要通过认识教学内容从而认识客观世界，并在此基础之上发展自身的过程。教学过程是教学活动的启动、发展、变化和结束在时间上连续展开的程序结构。人们对教学过程的认识，经历了漫长的历史发展过程。随着时间的推移和研究的深入，人们逐渐认识到教学过程的复杂性和多元性，教学过程不仅是认识过程，也是心理活动过程、社会化过程。因此，教学过程是认识过程、心理过程、社会化过程的复合整体。

（一）中外关于教学过程基本阶段的认识

古今中外对教学过程基本阶段的认识有以下几种，苏联教育家凯洛夫认为系统地传授和学习知识的程序是：诱导学习动机、感知和理解新教材、巩固知识、运用知识、检查。美国教育学家和心理学家布卢姆认为教学过程主要有三个阶段：准备阶段、实施阶段、小结阶段。马云鹏教授等学者认为教学过程的基本阶段为：心理准备阶段、感知知识阶段、理解知识阶段、巩固知识阶段、运用知识阶段、检查和评价学习效果这六个阶段。

教学是按照一定的阶段进行的，教学过程结构研究的中心课题是教学过程中一定的阶段或分节的合法则性的顺序。纵观教学论的发展脉络，代表性的观点主要有三种：

第一是以赫尔巴特为代表的传统教学阶段论，他通过对心理学的研究，将教学过程划分为明了、联合、系统、方法四个阶段。

第二是以美国教育家杜威为代表的现代教学阶段论。杜威反对赫尔巴特对现成知识的灌输，倡导问题解决模式的学习，认为教学必须依据以下阶段展开：①从实际生活经验的情境中形成问题；②观察、调查问题，认清问题症结所在；③收集解决问题所需的资料；④考虑各种解决方案，加以研究，并做出假设；⑤实际应用并验证假设。

第三是德国学者 20 世纪 60 年代提出的融合以上二者之长的教学阶段理论。教学过程大体如下：①提出问题与课题，使学生直面矛盾与障碍，引起学习动机；②使之分析问题与课题的目标与条件，认清矛盾与难题所在，把握其真正意义上的问题，理解课题。③使之探讨适当的解决原理、可能的解决方法及手段，计划解决的行动；④实施解决行动的计划，实现问题与课题的目标；⑤检验、评价、总结学习的结果，使之进一步进行反复练习与应用练习。

中外学者关于教学过程基本阶段的论述，在一定程度上，反映了教学规律，对教师组织教学过程具有一定的参考价值。但我们不宜把这些阶段的划分看作是绝对的，正如苏联教学论专家斯卡特金所指出的：各阶段"都有自己特殊的目的，所以应当分清，而且在实际过程中，不同环节可以交叉、省略、前后调换"。上述有关教学过程阶段的论述大多数仅仅从知识、技能教学这一个侧面展开，不够全面。教学过程不仅包括知识技能的传授与学习这一个基本层面，而且还包括结合知识技能的教学，发展学生智力与能力，形成学生思想品德等这样一些重要层面。教学过程是由这些不同层面组成的有机整体，不宜将其机械地割裂。

（二）外语课堂教学中常用的两种教学类型及其基本教学阶段

在外语课堂教学中使用最多的教学类型主要有接受式和发现探究式两种，因而，相应的教学过程的基本阶段也就有两种基本类型。

1. 接受式教学的基本阶段

接受式教学属于传统讲授式外语教学模式，指学生通过教师呈现的教学内容来掌握现成知识、形成技能的一种教学形式。接受式教学中，学生不需要进行任何性质的独立发现，他们的任务是把教师呈现出的材料，例如一个语音、一个词语、一种语法现象全部接受并内化到自己已有的认知结构之中，在需要的时候可以把它再现出来。学习内容是以定论的形式直接呈现出来的，接受式教学无论是历史上还是现在都是使用最为广泛的一种教学方式。从教学过程展开的程式上来看，一般认为接受式教学过程要经过五个阶段：准备、感知、理解、巩固及运用。

（1）准备阶段：教学过程的准备阶段主要是要创设一种有利于调动学生学习兴趣的教学环境，激发学生学习的兴趣和内在动机，为教学活动的顺利开展打下良好的基础。在这个阶段，教师要收集相关的教学材料，确立明确的教学目的，选择恰当的教学方法和组织形式，考虑一定的教学手段，了解学生已有的知识和心理状况，摸清学生的个别差异，调整好自己的心理状态，以便能以最佳的精神面貌出现在学生面前。

（2）感知阶段：感知是理解的起点，感知即通过感官接触教学内容，形成表象，获得初步的情感体验和理性认识。感知的对象一般是动作、图像和符号。在这个阶段，教师选择感知对象，把物体的直观与符号的直观结合起来，并且引导学生感知这些对象，学生则重在观察并形成相应的表象。为了使学生获得事物的清晰表象，教师要注意指导学生周密地观察，区分事物和现象的特征，教会他们在感知过程中发现主要的、本质的东西。

（3）理解阶段：理解就是要初步地、较为概括地了解现象与过程之间的联系，了解它们的结构、成分和意义等。通过形象思维和抽象思维相结合形成完整的、科学的理性认识。理解既可以建立在原有感知内容之上，又可脱离感知建立在已有认识之上。在理解教学内容的过程中，教师要根据教学内容的性质选择合适的思维形式或方式，引导学生开展分析、比较、综合和概括等思维活动。学生则必须同步参与教学活动，积极主动地展开思维的翅膀，才可能真正形成对概念、原理、本质的规律性认识，同时培养态度、情感、价值观体系，促进个性品质的发展，并形成一定的技能技巧。

（4）巩固阶段：即通过练习把所学知识牢牢保持在记忆里，形成比较稳定的情感和认知状态。巩固的效果一方面取决于前一阶段学生的理解水平，另一方面会影响到后面的教学活动。在教学过程的这一阶段，教师主要通过布置作业的形式巩固学生对所学知识的理解，同时也可以发现学生对知识感知和理解的不足并采取措施加以改进，学生则通过作业等练习，形成稳定的认知状态。

（5）运用阶段：运用即"学以致用"，这是教学过程的最高阶段，指的是教师指导学生在巩固的基础上，通过实践拓展、延伸已巩固的教学内容。通过"学以致用"，不仅可以检验学生巩固的效果，而且可以把知识运用于学习和生活的实践，最终掌握所学知识。在这一阶段，教师应提供一定的机会，组织学生进行社会实践。学生应知道这是锻炼实际动手和运用能力，进一步提高和改进自身的情感和认知水平的良机，要积极主动地配合教师的教学安排。

以上教学过程的基本阶段既有序渐进，又互相交叉、渗透。不同外语课程、不同目标的教学过程会存在差异，可以根据不同的情况加以调整。在教学过程中，施教与学习、教师与学生双方是紧密联系、相互作用的，它们共同的活动构成了教学过程的动态运动。教师应随时分析学生在掌握知识、形成技能和技巧等各方面的情况，并根据实际情况的变化采取相应的教学策略，主动地调节教学过程的进程。

2. 发现探究式教学的基本阶段

发现探究式教学是学生通过自己再发现知识形成的步骤，以获取知识并发展探究性思维的一种教学方式。发现探究式教学强调探究过程而不是接受和记住现成的知识，要求学生从各种特殊事例归纳出结论，并用之解决新问题。教师的职责在于为学生的探究过程提供条件和帮助，充当学生学习的组织者和指导者，使学习过程更多地成为学生发现问题、提出问题、分析问题、解决问题的过程。对于教学过程而言，作为结果的知识固然重要，但更重要的是获得知识的过程。

在发现探究式教学中，学习内容是以问题形式间接呈现出来的，在教师指导下，学生从各种特殊事例中归纳出一般法则，并用之解决新问题。这一过程通常要经过以下几个阶段：设置问题情境、发现问题、提出假说、验证假说、运用结论解决新问题。

（1）设置问题情境：在教学开始的时候，创设一种与学生现实生活经验相联系的教学环境，唤起学生学习的兴趣和积极性。

（2）探索发现问题：确定问题情境所引发思考的主题后，教师应提供有助于形成概括性结论的实例，引导学生观察各种现象的显著特点并逐步缩小观察范围，把注意力集中于某个中心点。同时，收集足够的实际资料，应对由问题引发的各种思考。

（3）建立模型：通过观察、思考，运用必要的资料提出解决问题的各种可行的条件，引导学生通过比较、分析，对各种信息进行转换和组合，以提出模型（即形成概念、获得结论等等），然后推断整理和排列这些模型，推断可能解决问题的模型。在这个阶段，可以采用独立思考、小组合作等多种方式，但都要求学会交流沟通，学会尊重他人的看法，正确地认识自我。

（4）验证、表达、交流、内化：通过运用来检验假说的正确与否，或者进行必要的修正；将取得的进展进行归纳整理、总结提炼，形成简单的书面材料或口头报告材料；进行交流和研讨；将最终成果通过同化或顺应，使其成为自己认知结构的有机构成部分。在这个过程中，要引导学生思考、讨论，关注自己在这一过程中是怎样思考，怎样得出结论的，学会思考的方法。

（5）巩固强化、运用结论解决新问题：引导学生将获取的新知识即通过自己的发现得出的结论纳入自己认知结构中，并运用于新的问题情境中，使其得以巩固和深化，形成迁移能力。

当前，接受式和探究发现式都是外语课堂教学中的重要类型，必须恰当地选择使用。为此，必须清楚两种教学类型的各自特点。

接受式教学可以使学生在较短的时间内掌握大量的系统的语言文化知识，有助于培养学生从书本中获取知识的能力，同时，接受式教学要求的教育设施水平较低，因而经济易行。但它的缺点是，学生的学习成了纯粹被动地接受、记忆的过程，不利于培养学生的探究精神和创造精神，不利于学生学会科学的探究方法。

发现探究式教学有利于保证教学中学生的主体作用得到充分发挥，在主动解决问题的过程中，最大限度地促进学生智力的发展；学生掌握了发现的方法和探究的方式，有助于保持记忆并形成迁移能力。一旦学生体验到发现的乐趣，就会大大增强他们对学习的兴趣。但是，这种教学方式的缺点是教学过程费时较多，效率不高，因而适用范围有限。

当前，在外语课堂教学中，只有将接受式教学和发现探究式教学结合起来，才能做到优势互补，不仅能够向学生传授学科结构的知识，而且能够培养他们探究问题的精神，独立解决问题和预见未知的能力。只有这样，才能使教学发挥出最大的效能。

四、日语课堂教学过程

（一）接受式课堂教学过程结构

在我国日语教学实践中，接受式教学模式被广泛应用，通常以六环节教学过程为模型。

1. 第一环节：组织教学

组织教学的目的：一是做好上课的准备工作；二是集中学生的注意力，稳定学习情绪，使全班学生投入积极的学习中去。

组织教学是课堂教学的重要组成部分，教师必须善于组织学生听课，否则就不能顺利地进行课堂教学工作。组织教学对好动、注意力分散的学生尤为重要。课堂一开始就要把学生的注意力吸引到学习上来。组织课堂教学经常采用的方法有：

（1）学生起立后齐声向教师问好。

（2）教师确认学生出勤情况。

（3）教师宣布正式上课。

组织教学通常用时很少，当学生注意力集中后马上转入教学，不可拖延时间。

2. 第二环节：复习、检查

复习检查的目的是：检查学生是否按教师的要求完成了家庭作业；通过练习

复习旧课，进一步提高运用日语的熟练度；通过检查发现学习漏洞和弱点，及时弥补；建立新旧教材之间的联系并为学习新课打下基础。这一环节虽然有四项任务，但并非指每一堂课都要完成四项，可根据具体情况确定其中一两项或对某项有所侧重。

综上所述不难看出这一环节有承上启下的作用，一方面通过复习巩固上节课讲授的新知识，进一步使学生已经获得的技能完善，另一方面通过复习旧知识引出新课内容。这个阶段常用的练习形式在词汇、句型方面多半是变换性的，如替换、换说、扩展、听写等；在课文方面多半是背诵、对话、问答、叙述课文大意等。

课堂上检查家庭作业的主要方式是提问。常用的提问方式有：全班提问、个别提问、综合提问、并行提问。

全班提问是教师口头向全班学生的提问。具体的做法是：教师面向全班提出问题，让全体学生思考后，指名叫某一学生回答。它的优点是能使全班学生积极思考，时刻准备着回答教师的问题。形式上教师指名一个学生，实质是全班同学都在思考教师提出的问题。此外可在短时间内提问多人，能增加练习的人次和数量。全班提问的缺点是只能肤浅地检查学生掌握日语技能的情况。

个别提问就是叫出来一名学生，然后向他提出一系列的问题让他回答。个别提问的优点是能深入地检查学生掌握日语技能的情况。由于这种提问方法只提问被叫出来的学生，其他大部分学生消极地听着，如果组织不好，会影响课堂教学效果。

综合提问是把全班提问和个别提问结合起来的一种提问方式。按这种方法提问时，被叫出来的学生不是回答教师所提问的全部问题，而是回答一部分，余下的问题由别的学生在原位上回答。这种提问的好处是由于每个学生随时都有被提问的可能，迫使学生集中注意力准备回答教师的问题。其次综合提问能使教师深刻地了解被提问学生掌握日语的情况。从上述可知：综合提问在提问的内容方面具有个别提问的优点，在提问的形式方面具有全班提问的优点。它比较适合班级人数较多的日语课堂教学。

并行提问是在同一时间以不同方式提问两名以上学生的方法。比如同时叫三名学生，其中两名到黑板上解答习题，另一名学生站着口头回答问题。这种提问方式实质是综合提问，因而它具有综合提问的优点。

3. 第三个环节——宣布讲授新课的课题和教学目的

宣布新课的任务和目的，是为了使学生明确本节课在课堂上该做些什么，并在教师指导下尽量完成教师提出的任务。

教师的具体做法是：教师要用肯定的语气向学生宣布教学目的："今天我们学习第……页第……课、从……到……的内容。同学们要掌握……学会……"这样表述授课目的，可以使师生在下课之前回顾和检查是否达到了既定的目的。在教学实践中往往忽视这一环节。现代心理学证明：目的是激发学生学习动机的诱因。高效率的学习是学生积极主动学习的结果。只有学生知道了一堂课的目的，才能调动积极性，为达到目的而努力学习。

4. 第四个环节——讲练新材料

这个环节是日语课的主要部分。教师在讲授新语言材料的时候，应当很好地考虑如何根据教材内容、教学目的及学生水平运用教学原则和教学方法，并选择相应的练习形式。新材料的讲解应该遵循由易到难、由简到繁、由具体到抽象、由已知到未知的原则。

新材料的讲解应该包括初步巩固的因素，为此在讲解的过程中要让学生做各种练习，使学生不仅理解所讲的新材料，还能获得在实践中运用学过材料的初步技能。例如在讲完传闻助动词"そうだ"的用法后，教师可把"王さん北京へ行くそうです。""めの先生は優しいそうです。""あの人は日本人だそうです。"三个例句写在黑板上，然后提出问题叫学生回答，如"そう"是什么词，表示什么意思，接在什么活用形之后。如果答对了，证明学生理解了传闻助动词"そう"的用法，紧接着做一些模仿记忆性练习和替换练习。这样在讲解过程中新知识就得到初步巩固，学生获得了在言语实践中正确运用这个助动词的初步技能。

5. 第五个环节——巩固新材料

巩固新材料有两个任务：通过做各种练习初步巩固刚刚学过的新材料；检查学生理解和掌握新材料的程度。

巩固的方式是练习。这个阶段所做的练习与讲练阶段的练习既有联系又有区别。首先在熟练程度上要提高要求。比如尽管都是机械记忆性的，但要求速度要快，套用能力要强。在课堂上尽可能多给学生练习的时间，这对提高课堂教学质量和减轻家庭作业的负担都是有好处的。

通过学生做练习，教师对学生当堂理解和掌握新材料的情况有所了解。但为了更深入地了解学生掌握新材料的情况，还应进行检查。检查的对象多半是学习中等以下的学生，因为中等程度的学生都能回答检查性的问题或做了检查性的习题，那么就可以判断这堂课讲的新材料为大部分学生所掌握，基本上达到了这堂课的教学目的。

6. 第六个环节——布置家庭作业

家庭作业是课堂教学的自然延续和补充。家庭作业是课堂练习的深化，课堂练习多为口头，家庭作业以笔头为主。因此教师在备课时就要选择好课外练习的材料，估计好完成所必需的时间。课外作业要少而精，过量的练习往往会使学生因为负担过重而马虎从事，这样就失去了家庭作业复习巩固的意义。

只有教师本人重视家庭作业，学生才能认真完成作业，决不可在打下课铃的同时或之后草草布置家庭作业。铃声已响，学生注意力已不集中，这样学生往往不能正确地理解教师对家庭作业的要求。

表 3-1　接受式教学过程设计

教学环节	时长	累计时长
1. 组织教学	2'	2'
2. 复习、检查	5'	7'
3. 宣布讲授新课的课题和教学目的	1'	10'

续　表

教学环节	时长	累计时长
4. 讲练新材料	20'	30'
5. 巩固新材料	12'	42'
6. 布置家庭作业	3'	45'

上述六个环节是相对的，不是绝对的。既然课堂结构决定于课型、教学目的、教学内容，就谈不到有统一的课堂结构。教学是千变万化、复杂的，不能用上述结构作为统一的公式来组织课堂教学。教师要善于根据教材、学生、课堂教学等具体情况灵活运用环节，不要不考虑具体情况，形式主义地走过场，刻板地套用环节。

（二）探究式课堂教学过程结构

探究式教学，又称发现法、研究法，是指学生在学习概念和原理时，教师只是给他们一些事例和问题，让学生自己通过阅读、观察、实验、思考、讨论、听讲等途径去独立探究，自行发现并掌握相应的原理和结论的一种方法。它的指导思想是在教师的指导下，以学生为主体，让学生自觉地、主动地探索，掌握认识和解决问题的方法和步骤，研究客观事物的属性，发现事物发展的起因和事物内部的联系，从中找出规律，形成自己的概念。可见，在探究式教学的过程中，学生的主体地位、自主能力都得到了加强。随着我国新的课程标准的公布，对外语课堂探究式教学模式研究得到空前重视。如果不受课堂教学内容、课堂教学时间的限制，任何类型的日语课，如综合日语、视听、会话、日本文化、日本地理、日本历史、日本文学史、日语语言学概论等课程都可以采用探究式教学模型进行授课。但是，探究式教学模式不适合大班授课，只适合30人以内的小班教学。具体教学环节模型如下：

1. 第一环节：组织教学

具体方法同接受式课堂教学过程结构。

2. 第二环节：创设情境，激发自主探究欲望

激发自主探究欲望探究式教学的载体与核心是问题，学习活动是围绕问题展开的。探究式教学的出发点是设定需要解答的问题，这是进一步探究的起点。从教学的角度讲，教师需要根据教学目的和内容，精心考量，提出难度适度、逻辑合理的问题。

创设教学情境是模拟生活，使课堂教学更接近现实生活，使学生如临其境，如见其人，如闻其声，加强感知，突出体验。可以采取如下方式：

（1）创设悬念情境：针对学生的年龄特征与心理特点等，在新课引入时，依据教学内容创设制造悬念来诱发学生的学习兴趣。

（2）创设信息情境：在课堂教学活动中，教师要提供一些开放性、生活性、现实性的信息，让学生根据教师所创设、提供的信息，提出、解决教学问题。学生都可以进行创新意识和实践能力的训练。从而，使每个学生真正感受到学习的乐趣。

（3）创设生活情趣：使语言教学从抽象、枯燥的概念讲解、句型背诵等形式中解放出来，从教学内容到形式更接近现实中的语言交际。

（4）创设求异情境：求异思维是不依常规，寻求变异，对给出的材料、信息从不同角度、不同方向，用不同方式或途径分析和解决问题的思维方式，是创造性思维的一种主要形式。教师要善于选择具体例题，创设问题情境，引导学生的求异意识。对于学生在思维过程中不时出现的求异因素及时给予肯定和热情表扬，当学生欲寻异解而不能时，则要细心点拨，耐心引导，帮助学生获得成功，让他们在对于问题的多解的艰苦追求并且获得成功的过程中，享受创造性思维活动的乐趣。

3. 第三环节：开放课堂，发掘自主探究潜能

这一环节是教学的关键步骤。教师首先要帮助学生拟定合理的研究计划，选择恰当的方法。同时，要求教师提供一定的实验条件或必要的资料，由学生自己动手去实验或者查阅，来寻求问题的答案，提出某些假设。这时，教师起到一个组织者的角色，指导、规范学生的探索过程。这个过程可以由单个学生自己完

成，也可以由教师将学生分组来完成。要注意培养学生寻求合作的团队精神。经过探究过程，学生要把自己的实验过程或者查阅的资料进行总结梳理，得出自己的结论和解释。不同的学生或者团队可以就同一问题提出不同的解释或看法，要能够将自己的结论清楚地表达出来，大家共同探讨。

4. 第四环节：适时点拨，诱导探究的方向

为了达到让学生自主学习的目的，引导学生自己去发现问题，教师在学生不明白时可适当点拨，诱导探究的方向。

5. 第五环节：课堂上合作探究，训练自主学习的能力

在探究教学中，教师是引导者，基本任务是启发诱导，学生是探究者，主要任务是通过自己的探究，发现新事物。因此，必须正确处理教师的"引"和学生的"探"的关系，做到既不放任自流，让学生漫无边际地去探究，也不能过多牵引。

在课堂上，让学生交流自学成果。在互相交流中，使大家思维相互碰撞，努力撞击出创造思维的火花。交流形式可以灵活多样，可以让学生自由发言，也可以让学生先在四人小组交流，然后派代表在全班汇报。

让学生对"交流成果"环节中所揭出的问题以及普遍存在的模糊认识进行讨论，在合作学习中大胆质疑解疑。讨论的形式可以灵活多样，可以同桌互助，四人小组研讨，全班辩论等，为学生充分表现、合作、竞争搭建舞台，使教师指导和学生自主探究相结合，传授知识和解决问题相结合，单一性思考和求异性思维相结合。

在合作学习过程中，教师要善于诱导，如："你认为他说得对吗？为什么？""对他的回答你满意吗？你有什么不同的见解？"等等，把学生的思维推向高潮。讨论中，教师要做到：

（1）要密切关注讨论的进程和存在的问题，及时进行调整和引导；

（2）要发现多种结论，特别注意和自己备课时不一致的结论，变教案为学案；

（3）要充分调动学生讨论的积极性，及时发现优点，特别是善于捕捉后进

生的"闪光点"，及时给予鼓励。讨论要使学生思维碰撞，闪现思维火花，激发表现欲，促进创造性思维的发展。

6. 第六环节：课后留创新作业，激励学生自主学习

为了激发学生自主、合作、探究的学习兴趣，课后，教师布置的作业要改革，努力减轻学生的课业负担。

留因材施教的作业。教师要客观看待学生身上存在的学习能力方面的差异，留作业应做到因材施教，采用按能力分组、分层、适度布置作业。如学习课文之后可设计三个层次的作业。

（1）自由读喜欢的段落，抄写课后词语；

（2）摘抄并背诵课文中的优美词语；或者（按人物、情节、时间关系）设计课文内容逻辑关系图；

（3）写读后感或写一段介绍文章的导读。

留课外阅读的作业。课外阅读的作业，不但扩大了学生的阅读面，使学生更好地学习，而且能促进学生积累词语，积累写作素材，提高学生阅读和写作的能力，激发学生自主学习的兴趣。

留写日记的作业。日记是学生畅谈喜、怒、哀、乐的广阔天地，是学生诉说心里话、观察社会、评头论足的阵地，学生在写日记时觉得有话可写、爱写、想写。留写日记的作业，激发了学生自主学习的兴趣，持之以恒，学生的写作水平就在不知不觉中逐渐提高。

留想象的作业。捕捉课文中可延伸、可拓展、又能升华和突出主题的内容，鼓励学生发散、变通，培养学生的创新意识，激发学生自主、探究学习兴趣。

表 3-2　探究式课堂教学过程设计

教学环节	时长	累计时长
1. 组织教学	2'	2'
2. 创设情境，激发自主探究欲望	5'	7'

续 表

教学环节	时长	累计时长
3. 开放课堂，发掘自主探究潜能	15'	22'
4. 适时点拨，诱导探究的方向	10'	32'
5. 课堂上合作探究，训练自主学习的能力	10'	42'
6. 课后留创新作业，激励学生自主学习	3'	45'

（三）讲练课的课堂教学过程结构

日语是工具课，要想把日语作为交际工具来掌握，一方面要理解日语的基础知识，另一方面又要通过练习熟练掌握已获得的语言知识，进一步形成听说读写的言语实践技能。日语课要体现这一特点，不能把日语课设计成如政治、历史的讲授新知识的课，相反要以讲练为主要授课形式，课上有讲有练，以练为主。在讲练课上学生不仅理解新讲的语言知识，还要通过大量练习，记忆当堂讲解的语言材料。否则，只讲不练或少练，学生就会很快地遗忘所学的语言知识。

如果说基础日语课有近千个课时，那么讲练课则是最常用、最主要的课型。因此研究讲练课、上好讲练课是做好课堂教学，提高教学质量至关重要的问题。

讲练课是由讲和练两个部分组成的。就讲来说，在日语语音阶段主要是讲语音知识，进入课文阶段后，主要是讲词汇、句型、语法、课文。就练来说，主要是在听、说、读、写过程中操练语言知识，形成初步的言语技能。根据以上论述，还可把讲练课细分为：语音讲练课、句型讲练课、词汇课文讲练课、语法课文讲练课。

以下为按照五环节法设定的讲练课课程结构：

表 3-3 讲练课课堂教学设计

教学环节	具体指导（例示）	时长	累计时长
1. 组织教学		2'	2'

续　表

教学环节	具体指导（例示）	时长	累计时长
2. 复习检查		10'	12'
3. 提出新材料	演示或讲解新材料：听音会意	10'	22'
	初步运用：仿说、仿作		
4. 反复操练	句型操练	20'	42'
	复用练习		
	活动练习		
5. 布置作业	本节课小结	3'	45'
	家庭作业		

（四）练习课的课堂教学过程结构

练习课也叫发展口笔语能力的课，是在讲练课的基础上培养学生应用和活用语言材料的能力。练习课多半安排在讲练课之后，没有进行新课的环节，其任务是通过口笔语练习，复习巩固、整理学习过的新语言材料，并进一步提高学生的外语技能，培养语言习惯。练习课上得好坏，取决于练习是否得法，因此教师必须根据练习课的目的，按照教学法的要求，组织好练习。

练习课上巩固的语言材料应当主要是在本课书中所学的。要按遗忘规律，有计划地巩固所学的语言材料。比如根据单词遗忘先快后慢的规律，在练习课上也要通过各种练习反复巩固。为了防止遗忘，练习课上也要系统地增加一些以前学过的语言材料。教师在组织语言材料时要心中有数，要把时间和精力花在讲练课上还没有巩固好的语言材料上。

练习课的练习不同于讲练课中的练习。它是前者的继续和发展。尽管练习课上也可能采用讲练课上的一部分练习形式，但在质量、数量上要求不同，达到的熟练程度也不一样。练习课的练习形式要多样化，要听、说、读、写兼顾，以口语为主，家庭作业则以笔头为主。练习课上的练习要有系统性：先做语言练习，后做言语练习；先巩固课文，后脱离课文。根据此系统，练习课上除进一步围绕课文进行朗读、问答、复述练习外，也要进行一定的脱离课文的交际性练习。

虽然练习课上几乎全部时间用于练习，但在练习过程中如发现学生对所学语言材料缺乏正确地理解，也可补讲有关语言知识，此时仍然需要贯彻讲中有练、练中有讲、讲练结合的原则。

表 3-4　练习课课堂教学设计

教学环节	具体指导（例示）	时长	累计时长
1. 组织教学		2'	2'
2. 反复操练	朗读课文 换说、扩展句型 背诵课文 就课文进行回答练习 复述课文 情景对话叙述 听与所学课文相近的文章	40'	42'
3. 布置家庭作业	做巩固词汇、句型、语法点的书面练习 改写课文 读与本课文难易程度相近的文章	3'	45'

（五）复习课的课堂教学过程结构

学习几篇课文后，或配合期中、期末考试，可安排一两次复习课。复习课的任务包括：第一，把以前学过的语言知识加以系统整理，帮助记忆；第二，巩固和提高口笔语能力。复习课的内容包括复习语法、词汇和课文。教学进行一个阶段后，学生学习了很多语法知识和大量词汇，难免产生遗忘和混淆。为了巩固记忆，区分易混淆的语言知识，语法、词汇复习课是必要的。教师在复习课上切忌重复讲学过的语言知识，而要引导学生通过做练习（包括分化性练习）来复习和深化旧知识。比如讲过数节课之后，为了复习学过的单词可把单词按题材、品词、构词法进行归类。复习课文不是重读或背诵学过的课文，而是就过去所学课文进行综合性的言语练习。比如学习了有关日本礼仪的课文后，让学生用日语向其他同学介绍登门拜访时应该怎样做、初次见面如何递名片等。

复习课与练习课既有共性又有特性，二者共同之处是其主要形式都是练习，不同之处是复习课除练习外，还有使所学知识系统化的任务，因此复习课的内容与进行方法与练习课是不同的。比如可让学生学习教师编的复习材料。复习课绝不是单纯重复过去学的语言知识，而是在复习中进一步提高运用日语的技能，因此在复习课上也要做练习，如教师用学生已学过的语言材料改写文章，指导学生对此进行听力、回答、对话、叙述等练习。

第四章 日语教师的能力

第一节 教师的基本能力

日语教师也是教师，作为教师必须具备的能力日语教师也必须具备。教师能力是指从事教师职业的人所应具有的带有职业特点的能力，也是从事教书育人活动所需要的能动力量或实际本领。教师能力是由多种单项能力组成的和谐统一的整体，缺少任何一种有机组成部分，都直接影响教师教学的质量、效果。

教师的基础能力是指从事教师职业所必须具备的能力，是教师职业能力产生的前提和基础，主要包括智力范畴内的教师观察能力、思维能力、想象能力、记忆能力、审美能力、口语表达能力和体语表现能力、书写能力。

一、教师的智力

（一）教师观察能力

教师观察学生的能力主要表现在三个方面：迅速而准确，细致而深入，全面而客观。

观察迅速是指教师能够迅速及时地捕捉学生瞬间的表情和行为细微变化，采取适宜的对应措施，适当调节教学内容，或稍微停顿，改变课堂教学气氛，及时吸引学生注意和思维，完成教学任务。

观察准确是指教师要能透过现象看到事物的本质，了解学生的心理性格特点、思想、学习情况以及学生所处的学习环境等，在此基础上结合学生的细微表情、动作和语言的变化进行合理的分析、正确判断，才能做出恰当的处理。

　　观察细致就是能观察到学生语言、行为、服饰、态度的细微的变化，从而准确掌握学生的思想状况。不能以貌取人、以成绩论英雄，要善于发现每个学生身上的亮点，教师对学生的评价有时会影响学生一生的发展，所以教师的观察一定要细致入微。

　　观察深入是指教师要了解学生处于成长期，心理稳定性较弱，容易情绪波动，不能以一时一事的观察下结论。对学生的观察可以是课堂上，也可以是课下，可以是群体活动，也可以是个体活动中。还要承认学生正处于成长发展阶段，需要对学生长时间反复观察，才能做到观察深入。

　　观察全面客观是指教师对学生的观察可以从不同角度进行：智力水平，身体素质，性格气质，家庭教养，环境影响等等。教师对学生的观察还要包括校内和校外，要了解他的同学、家长、其他任课教师，只有这样才有可能全面客观地认识学生。

　　（二）教师的思维能力

　　思维能力是指大脑对客观事物进行分析、综合、判断、推理和反应的能力。教师是脑力劳动者，脑力劳动的核心是思维。教师思路开阔、机敏灵活，善于权变，比单纯掌握某种教学方法和课堂管理原则往往更重要。

　　对教师思维能力的要求可概括为"五性"：思维的敏捷性、思维的广阔性、思维的深刻性、思维的条理性和思维的创造性。

　　思维的敏捷性主要指教师从事智力活动的灵敏程度，它表现为教师对课堂上或其他教育活动中突然出现的情况反应迅速，处理及时，能根据新情况迅速选择、确定自己的思维方向，从而使教育教学活动保持正常状态。

　　思维的广阔性是指教师遇事思路开阔，能从不同角度、不同方面、用不同方法及途径来思考和解决问题。

　　思维的深刻性是指教师遇事能第一时间看出问题的本质，不被表象迷惑。这一能力可以帮助教师将教材中抽象概括的规律性知识深度理解，深入浅出地传授给学生。同时，这一能力还有助于教师在教学准备和教育科研中，高效地筛选资料，辨别真理与谬误。还有助于教师在管理学生时能透过现象看本质，深刻认识学生行为动机，有的放矢地指导学生。

思维的条理性是指教师讲述问题、处理事情时思路清晰、有条不紊，连贯严密。这有助于教师在课堂教学、班级管理、阅读提高等方面都能做到井然有序、事半功倍。

思维的创造性是指教师传授知识、开启智慧，必须根据学生的实际对知识创造性地加工，加以提炼概括，使之成为学生容易接受的内容。教师授课能力的高低主要取决于教师创造性思维水平的高低，没有学生会喜欢或从"照本宣科""依葫芦画瓢"的课堂上取得最大的收获。

（三）教师的想象能力

教师在理解教材、教学设计、课堂教学以及做学生思想工作都离不开想象力。想象力是人脑在感性形象基础上创造出新的形象的能力。教师的想象力一要丰富，二要合理，三要新颖。

教师在解读日文诗歌、小说、散文时，利用想象和描绘，可以带领学生进入如诗如画的意境；在讲解日本历史、地理时可利用地图和形象化的暗示或描述，帮助学生思维再现自然界的形象和历史上的生活情境。

但是想象要合情合理、有理有据，不能脱离事实、自己和学生的实际。

想象要新颖是指不仅依赖教科书、教学参考书中现成的资料，还可以利用多媒体、动漫、漫画书等学生喜闻乐见的素材，帮助学生理解枯燥抽象的知识，培养学生形成活跃的思维。

（四）教师的记忆能力

记忆力是人脑储存、反映已有经验和知识信息的能力。具备良好的记忆力是教师职业的固有要求。教师的记忆力可以概括为准确、迅速、持久、系统、广阔。

准确是记忆的前提。记忆一般有三个基本过程：识记、保存、回忆或再现。后两个过程都以第一个过程为基础，识记准确才能做到保存和回忆准确。首次识记的准确性对准确记忆意义重大。

　　在信息化发展时代，新知识层出不穷，日语词汇、日本社会文化的发展，对教师的记忆量、记忆速度也提出了新的要求。

　　生理心理学告诉我们，人对事物的识记和保持都不是永恒的和一成不变的，人在记忆过程中由于新旧知识的干扰以及自身记忆功能的变化，遗忘或暂时性遗忘是存在的。因此，教师要不断学习，温故知新，克服遗忘，对专业知识努力保持持久记忆。

　　关于记忆的"刺激—反应"理论强调人在记忆过程中首次接受的知识对人脑刺激越强烈，记忆的痕迹越深刻。但是，人脑对刺激的接受不全是被动消极的，能够长时记忆下来的东西许多还是经过人脑思维对信息编码后，有序地储存在记忆中。了解人类的记忆特点，学习新知识时注意知识的系统性，做到系统记忆，对克服遗忘有重要作用。

　　日语教师的记忆面要广，不仅要词汇量大、语法规则记忆条理清晰，还要掌握日本社会、历史、文化、文学等自然的、社会的、从古至今的知识，这样在教学中才能做到信手拈来、融会贯通。博学多识的教师容易获得学生的敬仰、信赖，学生更愿意跟这样的教师学习。

二、教师的审美能力

　　"没有美育的教育是不完全的教育"。教师肩负以美育人的神圣使命，作为审美主体，必须具备一定的审美能力。审美能力是指人对于自然美、社会美、心灵美、艺术美的感知、欣赏和判断的能力。审美能力对教师的要求是要具备充分感知美、深刻鉴赏美和真实表达美的能力。

（一）感受美的能力

　　感受美的能力是指审美主体凭借自己的感觉器官，对审美对象进行感知、体验的能力。从审美角度而言，教材是审美客体，其中蕴含丰富的审美因素，教师只有具备感知美的能力，才能充分挖掘教材中美的内涵，从美学角度把课讲得更有深度，从而扩大学生的视野，使学生的求知欲更为强烈。

（二）鉴赏美的能力

鉴赏美就是审美，是指审美主体凭借自己的生活经验和艺术修养，对审美对象进行观赏、品味，并做出判断的能力。教师的审美判断力主要体现在对教材中美的形象、美的内涵做出准确的评价，帮助学生认识真善美，树立正确的审美观。

（三）表达美的能力

表达美的能力是指审美主体对于生活和艺术中领悟到的美进行再现、传达的能力。教师的职业特点决定了必须具备表达美、再现美和创造美的能力。教师表达美的方式多种多样，但必须结合课程特点和知识结构，将教材中的美的内涵生动形象地展示在学生面前，激发学生的学习兴趣。

三、教师的表达能力

（一）教师的口语表达能力

教师的口语表达能力是指教师在教学活动中，运用口头语言讲解道理和连贯地有条理地传达教材信息、启发学生积极思维的能力。日语教师的口语表达能力在日语课堂教学中起到引领示范作用，对于没有语言环境的日语语言教学来说，作用更是显著。随着现代化教学手段引入课堂教学，虽然在一定程度上能改变传统课堂教学中单向的师传生的状况，但是现代化教育手段无论如何不能取代师生间面对面地交流。优秀的教师要有语言学家的用词准确、教育家的逻辑严密、演说家的论证雄辩、艺术家的情感丰富。

口语表达能力对教师的要求：讲话要准确简明，富有示范性；通俗生动，富有幽默感；条理清楚，富有层次感；点拨启发，富有激励性；抑扬顿挫，富有节奏感。

教师向学生传授的知识具有严格的科学性，只有用准确严密的语言表述，才能让学生正确理解知识，在课堂教学中日语教师更要注意自身语言的规范性和示范性。

教材是用规范的书面语言表达严整的知识体系，有些语句语段内涵丰富，对于学生来说，直接读未必能够理解、记住。这就要求教师能把某些概括性强的语言表述得明确、具体、通俗易懂，尽量用直观性强的语言，把内容描述得生动有趣，借助幽默的讲解增加讲授内容的形象性和鲜明性，让学生一听就懂，印象深刻，记忆持久。

教师职业要求教师口语都要合乎语言规范，表达实现的语言要条理清晰、逻辑严密、语意流畅贯通，明晰显豁。

教师职业要求教师不仅要教书还要育人。教师的一句点拨可令学生茅塞顿开，一句激励可使学生终身铭记。教师对学生启示和启发时，或含蓄、或直白，但一定要情真意切，精诚所至方能打动人心。教师需注意语言运用要细加斟酌、选择，以鼓励激励为主，批评语言也需注意虽严厉但不伤学生的自尊心、上进心。

日语教师注意课堂教学使用的日语语言的语音、语调，同时还要注意音量、语速、节奏既要符合学生日语水平，还要符合日语日常表达特点，能做到抑扬顿挫、疏密有致、刚柔并济，符合教材内容及所表现的男女老幼的特点。这就使课堂教学变得生动形象。

（二）教师的体语表现能力

人们可以通过表情、体态和动作的变化传递信息，这种无声无字的交流就是"身体语言"。教师的体语主要通过眼睛、面部表情和动作姿势来表达。课堂教学中教师运用体语时要注意：目光分配要合理、面部表情要适宜、动作姿势要恰当。

目光分配合理是指教师要尽可能关注到所有学生，而不是长时间地直视某个学生，更不能东张西望，或目视天花板、或目视地面，这样会给学生不自信、心绪不宁的印象。学生透过教师坚定、自信、稳健、平和、睿智的目光，会产生被吸引、想亲近、敬重的情感体验，这有助于建立良好的师生关系。

人们能够通过面部形态与色彩的变化，把某些难以或不宜用语言表达的微妙、复杂、深刻的思想感情，准确、精密地表露出来。学生在课堂上可以从教师面部表情上获得信息，以确定自己做出怎样的反应。所以，教师的面部表情要自然，表里如一；要适度，喜怒哀乐有控制；要温和，平易近人。这样会有助于打开师生情感交流之门，降低学生对教师的恐惧心理。

课堂教学中，教师处于学生注目的中心，一招一式、一举一动都具有鲜明的直观性，所以要多加注意。教师的动作、姿势主要是指手、手臂的动作和站立的姿势。课堂上教师的手势动作不宜过多，要有助于传递微妙信息，激发学生想象、推动思考，加深学生情感体验，服从教学需要。在使用动作时要准确，有分寸，不夸张，力度适当。站姿也要注意自然平稳，不能依靠桌面、呆若木桩，或频繁快速移动，在学生座位间穿行，这些都会使学生产生不良的心理感受。

（三）教师的书写能力

教师的书写能力是指教师正确、熟练地书写文字，自如应用简笔画，明晰画出图示、图表的能力。教师的中日文书写要正确规范、美观大方，书写态势自然、节奏和谐，还要能画出形象的简笔画和图本、图表。

课堂教学中，教师要注意到正确区分中文汉字和日文当用汉字、注意日文假名的书写笔顺，注意板书字体的美观和大小，板书设计要精美，适当辅助简笔画或图表，这样有助于吸引学生注意力，引发学生的敬意和模仿，直接影响到课堂教学的效果。

四、教师的教育能力

教师的教育能力是指教师不依据特定教材，而是按照社会现在和未来的需要，教育培养新一代的能力。这是任何为人师者都必须具备的能力。教师的教育能力主要包括：全面了解学生的能力；正确评价学生的能力；转化后进生的能力；对学生进行生存教育的能力；指导学生与人交往的能力；教师"身教"的能力。

（一）全面了解学生的能力

全面了解学生的能力是指教师对教育对象的个性特征、心理素质、道德行为、学习能力以及身体状况等方面具体把握的能力。了解是教育的前提，只有从宏观到微观都了解学生，才能有的放矢地实施教育，收到理想的教育效果。

了解学生要做到了解学生整体和个体。了解学生整体一是要了解当代学生个性特征的显著变化，如独生子女与非独生子女的个性差异、城乡环境差异带来的学生差异等；二是要了解当代学生的道德意识、审美观与上代人的差异；三是要了解学生思维状况的微妙变化，如电视、电脑对人的大脑右半球的刺激，促使青少年视觉成像的右半脑日益发达，大脑左半球有退化的倾向，从而带来厌学、不愿苦学的倾向；四是了解家庭和同伴对学生影响的差异。了解学生的个体，一是要了解学生的内心需求和爱好特长；二是要了解学生个体的学习表现及品行修养；三是要了解学生的学习能力和学习动因；四是要了解学生的心理素质。

（二）正确评价学生的能力

正确评价学生的能力是指教师全面了解学生德智体美诸能力的前提下，按照一定标准，对学生的长短优劣做出客观评价的能力。对学生客观准确的评价是采取正确教育措施的基础和前提，因此，准确公正地评价学生，是教师必须具备的教育能力之一。

教师在评价学生时要注意客观性和公正性，了解学生渴望正面评价的普遍心理，教师在评价学生时要克服如"第一印象决定一切""阶段性评价代替整体评价""一俊遮百丑的光环效应""只看眼前不看过往的近因效应"等心理偏见，准确把握好积极评价和消极评价的使用度，做到准确适宜、恰如其分。

教师在评价时还要注意评价的激励作用，无论是评价内容、还是评价语言都要注意其激励性，好的评语应该是哲理诗，言有尽而意无穷；应该是进行曲，激奋人心，催人向上；应该是说辞，使人明理悟道；应该是箴言，促人警醒奋进。

（三）转化后进生的能力

所谓后进生，既包括缺乏学习愿望与动力、不能掌握基本学习方法而难以完成正常学习任务的学生，也包括不守纪律或有不良道德行为的学生。后进生转化是学校教育工作的永恒主题，是全面提高教育质量的关键环节，也是衡量教师教育教学能力高低的标准之一。

教师在实施转化后进生的教育中首先需要具备晓之以理的说服力，说理要说透，使学生心悦诚服；说理要说真，既客观、正确，还要紧密联系学生实际，把教师的认识真诚地传递给学生；说理还要说勤，有耐心，文火慢炖，用真心滋润学生的心田。

其次，还需要动之以情的感染力，做到谈话语调要有情，谈话内容要含情，真正把教师的关注期望之情、尊重爱护之心传递给学生。

第三，教师还要具备导之以行的持久力。后进生的行为矫正常常比他们思想认识的提高困难得多，并且不断出现反复，这就要求教师在引导后进生的行为方面，既要细心周到，又要有"出现反复"的心理准备和"防止反复"的具体步骤，有不达目的不罢休的坚持力、持久力。

（四）对学生进行生存教育的能力

生存教育是指为使学生适应社会环境正常需要，而进行的生存意识、生存能力的培养过程。学生的生存能力主要体现在三个方面：生理健康，并善于保护自己；心理健康，且善于和他人合作；道德健康，能处处与人为善。培养学生的生存能力，是当代教育的重要内容之一。对学生进行生存教育的能力是当代教师能力结构的重要组成部分。

对学生进行生存教育时，教师首先要能培养学生的生存意识。对于缺少生活阅历的青年学生来说，他们对生存能力的重要性既无感性体验，也无理性认识。这就要求教师能够通过正向事例、反向事例以及相关教育，帮助学生明白，作为一个有较强生存能力的人要具备"五自"，即自尊、自知、自制、自治、自修，有了这"五自"，在人格上能高洁儒雅，在心理上能坦荡磊落，在品德上能傲岸独立，在体魄上能康康强壮。

其次，还要在日常生活中培养学生的生存能力。第一是能对学生进行生存方法的指导，如指导学生如何保持健康心理和乐观豁达的胸襟；在逆境中如何生存；平时如何与同学、家长、教师相处；如何强身健体预防疾病；如何加强个人思想修养，塑造优秀品质和健康人格；如何面对天灾人祸有效保护自我等。第二是能及时帮助学生解决问题，帮助学生增强应对可能出现的挫折的心理能力。第三要能以身作则，对学生形成潜移默化的影响。

（五）指导学生与人交往的能力

交往是社会关系和人际关系的直接体现。学生的交往有横向和纵向之分，横向如同学、同龄人之间的交往，纵向如师生交往、与父母长辈之间的交往等。教师在指导学生与人交往时，必须具备如下能力。

首先，能使学生懂得文明交往可以有助于自我需求满足、有利于全面认识自我、有利于实现自我完善的交往意义，增强学生交往的主动性，向自主交往发展。

其次，要能帮助学生排除交往中"重视他人自我的理解、忽视自我理解他人"的心理障碍，帮助学生体会营造相互理解、相互尊重的和谐、融洽交往氛围的重要性。

第三，能为学生创设良好的交往情境，在校内通过举办"主题班会"等学生活动，为以独生子女为主流的学生增加交往机会，增强交往意识，积累交往经验。

第四，能指导学生掌握诚信正直、明辨是非、相互激励、共同进步的交往的原则，培养学生健全的交往人格和品质。

（六）教师"身教"的能力。

教师"身教"的能力是指教师在强烈的责任心和使命感的驱动下，凭借自身的品行、学识、人格以及仪表风度等方面的示范作用，去影响和教育学生的能力。

教师"身教"的能力要求教师能做到充满活力、大方热情、襟怀坦荡、宽厚谦和，以人格的力量感染学生；还能重视个人专业素质的提高，不断更新知识结构，以学识的力量教育学生；还需要教师身先士卒，能以行动的力量激励学生，这比空洞的说教更有效力。

五、教师的班级管理能力

教师的班级管理能力特指教师强化班级凝聚力，指导和带领班集体实现教育目标的能力。主要包括设计教育教学环境的能力；选拔培养学生干部的能力；组织班级活动的能力；指导学生学会竞争的能力；培养学生合作精神的能力。

（一）设计教育教学环境的能力

理想的教育教学环境一般指优美的校园自然环境、整洁有序的室内学习环境、和谐的人际环境和健康的文化环境。

在设计教育教学环境的能力方面，需要教师能够善于布置安静优雅的学习环境，教室内整洁卫生，舒心怡情；座位井然，整齐划一；还要注意颜色选择与光线处理，创设文化氛围。教师还要善于创造和谐民主的人际环境，师生关系和谐，学生之间团结友爱，师生共建文明班级。教师还要能创造积极健康的舆论环境，避免学生接受不良信息污染，在班级内树立正确舆论风气导向。

（二）选拔培养学生干部的能力

在班级管理工作中，学生干部是班主任的助手，是教师与学生联系的中介。班级干部的选拔和培养是做好班级工作的重要因素。

在选拔班级干部上要注意如下几个方面：第一，准确选拔，要选拔群体中有威信的学生，不能仅凭直观印象或某些书面材料来选人，还要能从细微之处观其言行，工作中考验其能力。第二，要合理使用班干部，对学生干部要量才而用，发挥其特长，充分信任，大胆使用。第三，要能科学指导班干部，将大胆使用与严格要求相结合，将监督同伴与严于律己相结合，将因人制宜与统一要求相结合。

（三）组织班级活动的能力

组织学生参与班级活动、社区活动，是实施素质教育的有效途径。这类活动具有内容广泛、形式多样、实施灵活，强调学生自主参与并获得直接经验等特点。关注学生活动是当今世界教育新潮，教师必须具备组织学生参与班级、社区活动的能力。

首先，能够结合学生年龄特点和身心发展规律，科学地确定活动内容。其中教育性活动主要是通过班会、团队活动、传统教育活动以及学先进、树新风活动，对学生进行思想品德教育和行为规范训练；知识性活动通过课外小组、知识竞赛、参观学习等活动，培养学生学科学习兴趣，强化技能训练和智力训练；娱乐性活动主要通过文体活动，增强学生体质，形成高雅情操，磨炼顽强意志，培养竞争意识和拼搏合作精神；实践性活动通过组织学生参观访问、实地考察、写调查报告、参加公益劳动和社会服务等活动，沟通学校、社区、家庭之间的联系，把学校教育同社会教育紧密结合起来，引导学生了解社会，增强其社会责任感和社会适应力。

其次，还要能周密地安排活动计划，做到目的明确，活动的内容、时间、形式和程序符合学生特点和水平。在活动中做到有发动、有检查、有记录、有总结、有评比，有成果展示。

最后，还要做到能有效地指导活动实施。在活动之前，激发学生参与兴趣；在活动之中能控制活动环节，逐步深入，中心主题贯穿始终，做到指挥实施有序；在活动结束后要做好全面总结和公正评价，鼓励先进，指出不足，总结经验教训，以使活动成为良性循环。

（四）指导学生学会竞争的能力

竞争通常是指人们在一定条件下，通过各自努力分出高低优劣，从而推动事物发展的活动形式。学生的竞争主要体现在学业竞争以及为个人荣誉、班集体荣誉而产生的竞争。在指导学生学会竞争的能力要求上，要注意以下几点：

要明确学生间的竞争与成人竞争本质的区别。首先是竞争目标不同，学生竞争是服务于教育工作者的育人目标的实现，是为全体学生的全面和谐健康发展服务的，不存在根本利益的冲突；其次，是竞争性质不同，学生竞争的本质特征是建设性、发展性、提高性竞争，竞争的基本方向是共同提高。

还要认识学生群体中开展竞争活动的局限性。竞争有可能使弱者更自卑、强化自我怀疑程度，也有可能使少数一贯优胜者产生不适当的优越感和虚荣心。无论竞争结果如何都会引发部分学生的心理焦虑，所以设计竞争活动时不要忽视竞争的负面作用，对引导机制和评价机制充分考虑，充分发挥竞争的正向效应，弱化以至于消除其负面效应。

在指导学生竞争时要把握好竞争基本原则，形成良性循环。要使竞争合理，有适应性。评价机制上，考试排名变"绝对成绩"评价为"相对成绩"评价，学生只和自己的过去比，这样有利于全体学生共同进步。还要关注疏导工作，使学生能够以平常心参与竞争，正确认识成败，促进学生良好心理品质的形成。

（五）培养学生合作精神的能力

学生的合作精神与竞争能力并不矛盾，具有良好合作精神的人更具备竞争力。培养学生的合作精神，教师要注意以下几个方面：能够培养学生的集体主义和互助友爱之情；能指导班级干部在工作上密切合作；能培养学生学习上的互助精神；能促使学生在各项活动中友好合作；能鼓励学生在生活上互相关心、互相帮助。

第二节　日语教师的教学能力

本节主要讨论的内容包括：教师的教学设计能力、教师的教学实施能力、教师的教学操作能力、教师组织课堂教学能力。

一、教师的教学设计能力

教师的教学能力是教师从事教学活动、完成教学任务的能力，是教师业务能力的主要体现方面。

（一）掌握和运用课程标准（教学大纲）的能力

主要指教师能依据课程标准（教学大纲），确定教学目标；明确教学改革方向；廓清知识结构；把握教学重点。

（二）掌握和运用教材的能力

主要指教师能理解教材的特点；能分析教材的内涵；能把握教材的重点、难点和关键处；能理清教材的知识点。

（三）选择、运用教学参考书的能力

主要指教师能广采博览，为我所用；能精心比较，择善而从；能勇于探索，寻求真知。

（四）编写教案的能力

主要指教师能掌握编写教案的科学性、实用性、针对性、创建性原则；能正确表述教学目标；能把握教材重点、难点；能精巧设计教学过程；能熟悉教案基本格式。

（五）"说课"的能力

"说课"是指执教者在特定的场合，在精心备课的基础上，面对同行或教研人员讲述的对某节课或某单元的教学设想及其理论依据，然后由听者评议，说者答辩，相互切磋，从而使教学设计趋于完善的一种教学活动。主要指教师如下能力：第一，能熟知说课的内容，即说教材、说教法、说学法、说程序。第二，能区分说课的类型，从说课时间安排上是课前说课还是课后说课，从说课范围上是备课组说课、教研组说课还是年级说课、学校说课、公开说课，从说课目的划分上是教研型说课、汇报型说课还是示范型说课、观摩型说课、竞赛型说课。第三，能把握说课的原则，做到说理精辟，突出理论性；客观再现，具有操作性；不拘形式，富有灵活性。

二、教师的教学实施能力

（一）因材施教的能力

因材施教是指从教育对象的实际出发，根据学生的不同特点，采取不同的方法，进行有的放矢的教育。教师的因材施教能力主要体现在能定向导学，因人施教；能对学业成绩优、中、后不同类别学生分层施教；能发展学生特长，培养拔尖人才。

（二）实现教学目标的能力

教学目标是教学任务的具体化指标，是师生双方在教学活动中所要达到的预期结果或标准。教学目的针对教师而言，是对教师提出的要求，为教师的教提出方向；教学目标针对学生而言，是针对学生提出要求，为学生的学起导向作用。教师实现教学目标的能力包括：第一，能正确制定教学目标，在制定课时教学目标时应做到内容全面、层次分明、要求适度、具体可测。第二，能恰当表述教学目标，要注意表述教学目标的主语是教学活动的主体，即学生，还要注意表述教学目标时要突出目标的导向性、操作性特征。要做到：教学目标是教学内容的纲领性要点；教学目标是教学活动的指南性程序；教学目标是学生学习的激励性阶梯；教学目标是教学结果的评价性标准。第三，能优化达标教学过程。教学过程的科学流程是"前提测评—认定目标—导学达标—达标测评"。第四，能掌握教学评价的方式、标准。如引入形成性评价理论评价当堂达标和单元达标；引入达成性评价理论作课时级（用课堂观察、提问、练习、测试）达成评价和单元级（单元测试）达成评价标准。教师还必须熟悉"面向全体学生、促进学生全面发展"的教学质量评价标准。

（三）选择、运用教学方法的能力

教学方法是教学的途径和手段，是教学过程中教师教的方法和学生学的方法的总和，是完成教学任务的方法的总称。教师选择运用教学方法的能力包括：第一，能掌握选择教学方法的标准，做到能根据教学目标是知识信息方面的，还是认知技能的、情感态度方面的来选择教学方法；也能够根据学生心理特点、知识基础来选择教学方法；还能够根据学科特点选择教学方法。第二，能了解选择教学方法的程序。著名教育学家巴班斯基归纳出教师选择教学方法的一般程序：决定是选择由学生独立学习法还是选择教师指导法；决定是选择再现法还是选择探索法；决定是选择归纳法还是演绎法；决定关于口述、直观法和实际操作法如何结合的问题；决定关于选择检查和自我检查的方法问题；认真考虑各种方法相结合的不同方案。第三，能使教法和学法相契合。教师的教法必须与学生的认知规律、思维规律相适应，与学生的学法相符合，逐步增强学生自学的能力。

（四）激发学生学习兴趣的能力

兴趣是人接触和认识某种事物的积极态度，是推动学习活动的内在动力。教师激发学生兴趣的能力主要包括：能以感情打动学生；能以新奇刺激学生的好奇心；能以演示吸引学生参与；能以调整教法帮助学生解除学习疲劳、注意力分散等问题。

（五）指导学生学习方法的能力

教师指导学生采取正确学习方法的能力主要包括：能示范引导，授之以学法；能依据教材，展示学法；能总结规律，揭示学法；能设计练习，巩固学法；能区别情况，指导学法。

（六）指导学生学习迁移的能力

在学习过程中，已经掌握的知识和技能对继续学习新知识、新技能会产生一定影响，这种现象在心理学上称之为迁移。迁移有正、负之分，对新知识、新技能的影响是积极的，起促进作用的就是正迁移；反之就是负迁移。教师指导学生学习迁移的能力包括：能比较异同，促进迁移；能典型引路，触类旁通；能强化练习，熟能生巧；能循循善诱，举一反三。日语教师在指导学生学习迁移时不仅要关注母语汉语与日语的迁移，还要注意到学生在初高中阶段作为第一外语学习的英语与日语学习之间的迁移。

三、教师的教学操作能力

（一）制作教具能力

教具是指教学过程中可以辅助教学活动的用具。传统的有标本、模型、图表等，现代媒体有投影、幻灯、录音、电视、录像、计算机等。教师自制教具可以与教学仪器相互补充。教师的自制教具能力包括：能掌握教具制作的教育性原则、科学性原则、实用性原则、经济性原则；能掌握教具制作的技能，如模型制作、标本制作、图表制作、现代教育媒体的应用和制作等。

（二）操作与示范能力

操作与示范能力主要指教师在教学活动中的"身教"能力。主要包括：①动手操作能力，如视听设备、幻灯机、多媒体设备等的操作使用能与知识传授同步，且操作正确、规范；操作演示有动态性，演示简明。②具备躬行示范能力，如能进行日文歌曲示范演唱、能用动作表现日本鞠躬、递名片等礼仪常识。

（三）使用现代教育技术能力。

主要指教师能使用视觉、听觉媒体以及多媒体设备，边讲边放映，能用媒体设备代替黑板、挂图等，使课堂教学内容更丰富，信息量更大，更直观，更能调动学生的学习兴趣和学习积极性。

四、教师组织课堂教学能力

（一）课堂教学开讲能力

"开讲"即课堂教学的开场白，也称"导入新课"，是课堂教学的起始环节。"良好的开端是成功的一半"。实践证明，别开生面地开讲，具有安定课堂秩序、收拢学生思绪、引发学生兴趣、启发积极思维、增强听课需求的作用。教师的"开讲"能力包括：开讲语言设计要言简意赅，具有针对性；开讲具有启发性、趣味性。开讲设计的原则是：要展示新旧知识的联系点；要向学生传递期待的信息；要为学生创造良好的学习心境。

（二）创设最佳教学情境的能力

教学情境是指教师进行教学活动时所处的特定氛围。最佳教学情境是指教师为完成教学任务而创造的人际（师生之间）关系融洽、教学气氛和谐、易于学生理解掌握所学知识的特定环境。教师创设最佳教学情境的能力包括：能再现教材中的情境；能引导学生进入教材的情境；能启发学生想象教材的情境。

（三）教学设疑能力

设疑在教学中的实施形式就是提问。教师在课堂上巧妙地提出问题，对于激发学生思维，发展学生智力，发挥学生的主体作用，提高课堂教学效率，都具有重要意义。教师设疑时要做到以下几点：①设疑要具有明确的目的性。必须紧扣教学目标，备课时要考虑好每个问题该不该问，在什么环节问，怎么问，难度多大，解决什么问题，培养什么能力等；②设疑要具有启发性。过于直白的提问，答案过于简单，不能调动学生思维的积极性。设疑时可以预设矛盾对立问题，引发学生讨论，激发学生参与意识和积极思维的兴趣。③设疑要具有针对性。既要针对教材实践，也要针对学生实际。

（四）教学举例能力

精当的举例是一种教学艺术。教师的教学举例能力主要体现在选例、用例、讲例三个环节上。选例应该准确、典型，具有科学性；用例应该恰到好处，具有针对性；讲例应该生动、形象，具有趣味性。

（五）设计板书能力

板书设计是指教师在黑板或投影屏幕上，以简练的文字、符号、线条和图形等方式，向学生呈现教学内容、认知过程，使知识条理化、系统化，帮助学生正确理解、增强记忆，辅助课堂口语表达，保留传输信息，以提高教学效率的一种教学行为。板书设计包括：词语式——关键词板书；纲要式——注重系统和层次；表解式——用大小括号、关系框架图展示知识结构关系；线索式——以"主线""副线"的形式将知识点串联起来，体现教材编者的思路；表格式——列出知识的纵横关系，类比推理，比较异同；图示式——以简笔画的形式加深学生的感知印象。教师的板书设计能力包括：板书应揭示教学内容、板书应展示知识网络、板书应体现教学思路、板书应做到形式美观。

（六）教学应变能力

教学应变能力是指教师正确处理课堂上突然发生的意外情况，通过随机应变而使教学进程继续，并取得良好效果的能力。教师的教学应变能力包括：能适时调整教学内容、能适当变动教学程序、能合理调控教学节奏、能灵活改变教学方法、能巧妙处理教学失误。

（七）教学反馈能力

教学反馈是指教师输送给学生的教学信息在学生中产生反应并返回教师，从而对教学信息的再输出产生影响的教学控制过程。有经验的教师能从学生课堂上的眼神、回答问题的情况确定信息输出效果，灵活、及时地调整讲课进度、深浅程度和教学方法。教师的教学反馈能力包括：能及时捕捉反馈信息；能输出可靠信息；能自然排除谬误信息；能主动探究最佳信息。

（八）课堂教学收结能力

完善、精要的结束语，可以使课堂教学锦上添花，对一堂课有画龙点睛、总结升华、巩固成果、引导探索、指导作业的多种功能。教师的课堂教学收结能力主要体现在：能善于归纳总结，由博至简，纲举目张；能画龙点睛，强化重点；能比较异同，帮助理解；能承前启后，形成链锁；能设计练习，检验效果。

（九）设置学科作业能力

学科作业具有深化对概念、规律的理解和掌握，将知识转化为技能、技巧，提高学生运用知识分析、解决问题能力的作用。是教师了解课堂教学效果、取得反馈信息，及时调控，实现教学目标的重要途径。优化学科作业设置是优化教学过程的重要环节，是调动学生学习积极性和主动性，减轻过重的学生课业负担，促进学生身心素质全面发展的重要环节。教师的课业设置能力包括：①能使作业设置更具有科学性，选题多少要适量，要有典型性、代表性；选题要难易适度，与班级学生的认知水平相适应。②作业设置能体现层次性，既有模仿性的基础训练，又有独立性的单项练习题，还要有灵活的综合训练题和创造性的扩展训练题。让不同程度的学生都能有所收获，体现因材施教的原则。③作业设置富有趣味性。④作业设置能突出实践性，学生对自己动手动脑总结出来的规律、经验以及在实践中运用的新知识，记忆更深刻，理解更透彻。⑤作业设置要注意实效性，不能盲目求数量，更不可采取惩罚性作业。

（十）教学检测能力

检测是指对学生学习阶段性成果的检验、测试，也是对教师教学阶段性效果的验证和评估。教师教学检测能力包括：①能设计测试蓝图，即根据教学大纲的要求，在分析、掌握检测目标的前提下，将要测试的内容按照教学目标制定出一份双向细目表，作为命题工作的依据。双向细目表包括两个维度：一是教学目标，一是测试内容。教学目标维度对认知领域的目标要分为：记忆、理解、应用、综合四个层次。②能把握命题要领的能力，教师要明确选择题、是非题、划线配合题、填空题、论述题、简答题等各题型的编写原则。③能进行试卷讲评。

第三节　教师自我完善和发展的能力

本节主要讨论的内容包括：教师自我完善和发展的能力；教师能力的发挥。

一、教师自我完善和发展的能力

教师自我完善和发展能力是指现代教师应当具备的能促使自己的思想、业务及人格不断趋于完善、不断有所发展的能力，这是充分发挥教师潜能、充分发挥教师才华和充分实现教师价值的能力。主要包括：教师学习能力；教师教育研究能力；教师撰写教育教学论文的能力；教师的教学创新能力；正确处理人际关系的能力。

（一）教师的学习能力

教师的学习能力是指适应教师自我完善和发展的需要，及时、准确地吸纳、组合有用的知识信息，从而不断增加思想活力和工作效能的能力。教师的学习能力主要包括：第一，了解自我的学习基础，明确本职工作向自己提出的科学文化知识和业务工作的能力要求以及自己所能达到的程度；了解知识的类型，明确知识是什么，为什么、怎么用等；了解自己习惯的学习方式是视觉学习还是听觉学习、触觉学习，还是多感官互动的学习；了解适合自己的学习途径是阅读性学习还是实践性学习、研究性学习、写作性学习。第二，要有明确的学习方向和目标，能根据工作实践的需要及自己的兴趣、特长，确定研究、学习的主攻方向和阶段性目标，通过系统学习取得创新性成果。第三，要有较强的学习能力。能敏锐地感受信息；能广泛地积累信息；能恰当地使用信息；能热情地探求新信息。

（二）教师教育研究能力

教师的教育研究能力是指教师在教育教学过程中，从事与教育教学有关的各种课题的实验、研究与发明创造的能力。教师的教育研究能力包括：第一，教师能根据教育教学实践以及发展需要恰当地选定研究题目、实验项目或确定教育科研论著名称。在选题时要注意到实践性原则、创新性原则、可行性原则。第二，要能进行教改试验，做到教改目标明确可行；要对受试者、试验因子有所控制；要对试验结果总结验收。第三，要善于收集整理教育研究资料，并要学会归纳整理资料。第四，教师还要具备撰写教育教学论文的能力，能聚焦定题，审定题旨，还要善于组织结构、分析论证。

（三）教师的教学创新能力

教育对象的多变性与差异性，决定教师工作本身就应该是一种创造性劳动。教师的教学创新能力包括：能更新和组合教学内容；能创造新的教学方法；能优化教学过程。

（四）正确处理人际关系的能力

教师在处理人际交往中注意平等、互利、信用、相容的原则。根据教师的工作性质和交往范围，教师处理人际关系的能力主要体现在以下几个方面：①能正确处理与学校领导之间的关系，能尊敬、体谅领导，服从工作分配，热情支持领导。②能正确处理教师之间的关系，做到团结一致、工作协调、相互尊重、诚恳待人，在生活上相助，利益互让。③能正确处理师生之间的关系，对学生热情关爱，以情感人，理解尊重学生，师生民主平等，同时也要严格管理，以理服人。④能正确处理与学生家长的关系，做到真诚相交，密切联系，尊重家长，增进理解，互助合作，帮助学生进步，避免与学生家长交往中的功利性。

二、教师能力的发挥

教师能力的育人功能是巨大的。要使教师能力在提高教育教学质量方面得以最大限度的发挥，充分实现其社会价值，必须依靠教师主观能动性和客观环境条件两个方面的积极支撑，缺一不可。

（一）教师能力发挥的内在因素

教育过程是一个启智、育德、健体、益能的复杂过程。要想取得最佳教育效果，关键在于教师内因，即内在驱动力的充分发挥。发挥教师内在驱动力的关键在于：对工作有浓厚的兴趣和远大追求，有正确的自我认识和评价能力，有较强的自控力和自律能力，善于防止和克服职业倦怠心理，注重开拓精神和科学态度的统一。

（二）教师能力发挥的外在条件

教师能力发挥还缺少不了良好的工作生活环境、上级领导的支持和信任，这些外在要素也会制约教师能力的发挥效果。为此，作为教育部门领导，需要为教师创造良好的外在条件。比如，因为教师能力形成受遗传素质、家庭环境、所受教育、教育实践的影响而各有不同，要正确认识教师能力差异；要全面了解教师现有能力及潜能；要量才录用，使人展其能；要解除教师后顾之忧，使人尽其力；要尊重教师的个性及其劳动的特殊性。

第五章 日语学习

第一节 日语学习的心理基础

学习行为本身就是人的心理活动变化，对日语学习的研究就是对人的心理活动的研究。日语学习者在学习过程中会遇到各种各样的学习困难，学校教育能够帮助学习者解决的困难主要是依靠教师的有效指导。而指导的依据就是对人在外语学习过程中的心理机制和心理过程的准确把握，分析知识学习与技能学习过程中人的心理活动的本质，才能清楚学习策略和方法。

一、日语学习的困难

日语学习是一项艰苦的活动，在日语学习过程中不可避免地会遇到这样或那样的困难。正因为如此，我们才要研究这些困难，了解困难的性质类别，明确对待困难的态度，探讨解决困难的方法。这也是日语教学研究的根本任务和重要课题。一般认为，在日语学习活动中，学习者会遇到如下的困难。

（一）记忆和遗忘

研究日语学习要解决的首要问题就是如何记忆、如何与遗忘做斗争的问题。每一个学习者都有过这样的体验：有时通过某种契机——我们称之为"强刺激"，瞬间记住某个事物，可以长久保持。例如，对考试时没有回答上来的问题记忆深刻等。有时候对于某个事物即使多次重复记忆还是会很快遗忘，甚至由此导致学习者对于自己的智力水平产生怀疑，对学习失去信心，认为自己记性差，不适合学习外语。还有人将这种遗忘归结于没有语言学习天赋。还有一种情况，对一些知识的学习是在不知不觉中无意识地记忆。总之，日语学习的过程就是与遗忘做斗争的过程。

（二）"高分低能"困扰

日语水平上的"高分低能"是指参加各级各类日语考试能够取得较好成绩，但是日语语言的应用能力低下，不能够自如表达自己的思想，不能用日语进行口头、笔头交际的现象。实际上这种现象在当今的日语学习中普遍存在。造成这种问题的直接原因在于以追求分数为核心的教育运行机制以及学习者对于日语学习活动的本质认识不清。

从教育运行机制角度考虑，追求分数和升学率必然导致题海战术、机械记忆、加班加点应付考试的教学模式的出现。学习者无暇顾及语言学习的实用性和个人综合能力的发展，只是擅长做客观性多选题试卷，成了考试的机器，也就造成许多多年学习日语者不会用日语表达，也就是"哑巴日语"现象的出现。

从学习者对学习的认识角度考虑，如果盲目地认为日语学习是对教科书的学习，忽视对所学知识的宏观认识，不能够建立起一个合理的知识结构，可能在以教科书为依据的各种考试中会取得不错的成绩，但是脱离教科书，语言的应用能力就大打折扣。这也是"高分低能"现象的一个成因。当然我们并不反对依据教科书来学习，学习语言脱离教科书随意学习也是不可想象的。尤其是对于外语的学习，需要强调的是，依据教科书学习要以重视知识结构的建立和各种能力、技能的训练为重点。离开能力的提高，单纯考虑积累知识量，势必会遇到学习上的困难。

（三）交际困难

交际分为言语交际和非言语交际。造成交际困难的原因有很多，包括个性心理特征、情感态度等。语言是交际的工具，对于一个积极参与交际活动的人来说，即使对语言规则的掌握不是很丰富，词汇量不是很多，其也会通过非言语行为，如手势、表情、动作等努力表达自己的思想，与人沟通。语言交流困难者通常是不愿意或难于与他人运用日语去交流的人，例如，性格内向，生性羞涩，不愿意主动开口的人；担心被笑话，没有勇气与别人用日语交流的人等等。遇到这种情况，就需要从学习态度、情感的角度去调整心态，端正学习态度，明确学习目标，相信"不耻下问"的古训，了解学习外语要有"厚脸皮"的勇气，勇于实践，创造条件去实践，不断鼓励自己用日语去交流。

语言是交流的工具，表达思想感情是它的作用之一。无论是在语言学习还是在语言的应用中，都需要具备一个良好的外语氛围，轻松、融洽的语言交流环境，通过封闭的、孤立独自学习很难学习和掌握一门语言。因此，要避免"自我中心"式的学习，要提倡交流合作式学习。

（四）母语干扰

母语对外语学习的干扰问题主要表现在对语言知识学习的干扰、对思维的干扰、对记忆的干扰等几个方面。

母语对语言知识的干扰主要表现在对语音、词汇、语法学习的干扰。对语音的干扰主要表现为发音时舌位、口型接近母语，导致错误发音。例如，中国人容易按照汉语的发音习惯，错误地把"す"读成"思"或"私"，把"ふ"读成"夫"或"呼"。

对词汇的干扰主要体现在对词义概念的误解和对日语当用汉字读法学习的困难。石田敏子（1984 年）的调查研究结果表明，汉字圈的外国人学习汉字时读音困难绝对占主要的地位，对日语汉字的书写困难占 27%。对词义概念的误解主要是容易将与汉语词汇形近意异的词汇释义错误。

在语法方面，冯富荣（1993 年）关于中国人学习日语被动句时母语的影响作用研究得出以下结论：①成年人学习日语语法，母语的影响与学习年限无关，始终存在。②学习与母语共同部分的日语语法，母语发挥促进作用；反之，母语对日语语法的学习起干涉作用。③日语与母语的不同部分是日语语法学习的难点和重点。④学习与母语不同的日语语法现象，发生错误的概率不会随着学习年限的增加而减少。⑤正确的日语语法输入（学习）并不会必然导致正确的语法输出（使用）。根据冯富荣对于成年人日语语法学习过程中母语对认知处理的影响研究得知，成年人处理第二言语学习材料时有利用母语的倾向，不论其与母语是否存在联系也要将其体系化；学习者在使用所学到的第二言语材料时不是按学习到的语言规则原样产出，而是按照母语规则演绎性推理创造性地产出；学习母语中不存在的第二言语表现时有回避的倾向，由此，存在为避免暴露学习错误而回避使用这一类语法现象的情况。

母语干扰的另一个方面就是日语思维困难的问题，主要包含：日语思维的形成困难；用日语思维时思维能力下降的倾向。

思维形成困难是指我们想用外语表达时，常常不自觉地把要表达的思想内容在脑海里用母语思考一遍，然后再寻找相应的外语词来代替，从而经常使用汉语式日语的表达方式，出现交际时语言迟钝不流畅的问题。

此外，当努力用日语进行思维时还会出现思维能力下降的倾向。对于很简单的提问不能做出准确的回答，如果用汉语思维绝对不会出现这样的语言运用错误。当我们顾得上语言规则就顾不上要表达的内容，反之亦然。尤其是在听说过程中，对于很简单的问题也会顾此失彼，直到让我们开始怀疑自己的智商。有研究者将这种现象定义为外语副作用。外语思维问题向来是困扰外语学习者的一个重要问题。如果能够越过这个困难，我们的语言应用就踏上了一个新的台阶。

（五）语感形成困难

语感与思维一样，是属于比较复杂的人的心理机能，也是外语能力的潜在表现。就如同音乐家要有乐感、游泳选手要有"水感"一样，使用语言也必须具备语感。例如，从影视录像中看到过这样的画面：在吃饭前，日本人总是双手合十在胸前，低头说"いただきます"在学习这句话语时，脑海里能够浮现出这样的画面，甚至能回忆起说这句台词的人的表情、语调、态度等，从而找到这句话的语感。而实际上，多数的学习者很少会能动地注重这种语感的培养，学习时常常专注于语言的结构、意义，即使固有知识中已经预存了许多类似的可以为语感生成提供帮助的知识和经验，也不能够很好地提取利用。特别是当把日语思维纳入语言交际活动中时，就更加难以兼顾语感的问题。而语感不能生成，我们对语言的应用就会有雾里看花、似是而非的感觉，由此导致语言应用时缺乏自信。如果将固有知识和经验纳入语言交流中，对语感的生成会有帮助。

日语思维和日语语感都是日语学习能力的高级表现，也是学习日语的重要目标，对于学习者来说也是学习的困难所在。

（六）学习评价失误

每一名学习者都带着"好好学"这一美好的愿望开始学习日语，但是良好学习成效的标准是什么却难以认定。通常学习者能够借鉴的标准是考试成绩和教师评价。根据在班级里的学习成绩排名来评价自我学习，则这个评价基准是成绩的序列，而不是知识和能力水平的评定。当评价总是鼓励回答一个问题时是小心翼翼地揣摩教师或教科书上的标准答案是什么、考虑书上的例句是如何写的要多于考虑可以用哪些种方法回答这个问题，则这个评价的基准不是源自语言交际能力的高低，而只是对教科书内容熟练程度的认定。对日语学习者来说，从某种意义上讲成绩高绝不意味着能力一定高。

不能否认，考试成绩与学习效果或学习成绩有着密切的关系，教师从教师职业道德的角度出发，也会尽可能客观地公正地评价每一位学习者的学习成绩。但是考试成绩通常只能对我们学习的某一个侧面进行测定；教师评价由于是主观性行为，难免会有不准确、不完善之处。作为理性的学习者，不仅要重视这些外界的评价，还需要具备准确评价自我的能力和方法，从而达到自我学习调控的目的。

学习的自我评价历来是学习研究的重要话题。如何认识自己已经取得的学习成绩，根据什么去衡量自己目前的学习状况，学习者对自己学习情况的评价为未来的学习带来什么影响，通常学习者是如何评价自我的，这些都是研究学习策略不可回避的问题。过高或过低评价自我学习都是不利于学习的，而对于自我的学习不做评价——指除了被动接受外界评价外，不主动积极地去评价自我的学习活动，更不可取。

（七）不掌握学习策略

学习策略是指在学习过程中为达到预定的学习目标而采取的一系列学习活动。广义的学习策略指为实现既定的学习目标而制定实施的学习总体方案，包括学习方法、学习步骤、学习工具、情感调控等。它是学习者在学习活动中有效学习的程序、规则、方法、技巧及调控方式。

第二言语学习成立的条件是发现问题，只有学习者自觉地发现问题，才能促进学习。在日语学习过程中不善于思考，不善于发现问题，就很难获得学习成效。而长期以来学习者仅依靠个人经验开展学习，对学习本身认识不清，已经掌握的和能够灵活运用的学习方法个体性差异较大，悟性强的、对学习问题重视的学习者能够尽快摸索出一套适合自我的学习策略，反之，则在学习过程中苦苦煎熬，付出很多努力，却难以取得预期成效。在日语学习活动中这也是极为普遍的现象。对学习方法的选择、学习策略的设计是困扰众多学习者的学习问题。

二、日语学习的心理基础

心理语言学关于语言的认知心理研究通常不十分关注语言本身，而更重视人是如何在头脑中处理语言信息，希望了解从语言中独立出来的人的根本心理机制。由此导致对语言学习心理过程的研究要么是缺乏语言现象介入的学习心理过程，要么是语言结构与语言理解、生成之类的音韵论、意义论等研究。尽管如此，在研究语言与心理相结合方面，心理语言学家们已经做出了积极探索，得出一些可以借鉴的结论。特别是"随着通过计算机进行言语理解的认知科学的兴盛，研究者们开始把目光投向了解特定语言固有的处理机制上"，在日语教学与学习研究方面，可以从语言的特质、学习的特质考虑如何对语言信息进行处理，从而了解学习语言、掌握语言的人的心理结构和心理过程，能动地采取有效的策略，以解决学习者在日语学习过程中产生的有关学习方法、认知方式等方面的困扰，了解日语学习本质，帮助学习者获得良好的学习成绩。

(一) 日语学习的心理结构

日语学习首先是人的学习，受人类共同的心理机能的制约。其次，还受支配着语言的心理机能的制约和社会文化所固有的心理机制的制约。我们可以在这三层结构中来考虑日语学习问题。

处于底层、基础层面的就是认知心理学研究的主要课题——心理机制的问题。但这不是日语学习理论最关心的问题，我们更关心处于中层和上层的心理活动。因为支持语言活动的心理机制能清楚地描述日语学习的心理和过程，在评估和监督学习效果时，有检测和修正学习行为的功效；社会文化中固有的心理机制，不仅关乎日语学习中的情绪、情感等问题，对于跨文化接触、理解、融合也具有重要的影响。

（二）日语学习的信息处理模型

研究信息处理模型就是要探究我们认知世界的构造和机能。这是人的心理机制的一部分。智能由知识和智力组成。人通过视觉等感觉器官感知的事物表象传导到人的感觉信息储藏库，再由储藏库进入人的短时记忆系统。其间会受到情感系统和注意力系统的干扰。然后，一部分信息会转入长时记忆，这就是通俗所说的真正记住了。还有一部分信息会被表达或再现，或者被保留在短时记忆中。其中被保留的部分就是被遗忘的部分。因此识记、保持和再现（回忆和再认）是记忆的三个基本过程。如果把记忆看作是一个系统，它包括感觉记忆、短时记忆和长时记忆三个子系统。语言的学习也依存于人的记忆系统。

1. 感觉记忆

感觉记忆是保持感觉刺激（声、光等）的瞬时和原始的映象，其特点是保持时间短，视觉不超过 1 秒，听觉约为 4 秒。其作用是保持知觉的连贯性和进行登记以后，为后续加工赢得时间。经过注意作用选择的感觉记忆的部分传送到短时记忆中。

人在一瞬间获得的信息映象就是感觉信息储藏库的信息来源。当信息进入时，通常哪怕是与已有信息有一点点的差异，新旧信息之间也会产生融合性互动，让我们能够体验到连贯的持续活动的映象，就像连续观看时间间隔为 50 微秒的一张张照片时，我们能感觉到的动态画面一样。但是在这样的短时间内连续感觉异质信息，信息内容之间就会发生相互干扰，导致信息遗失。

语言学习中的感觉记忆通常是以听音、观看语言外形来实现。在感觉过程中，如果我们能足够地注意，就可以把感觉记忆中对语言的感知传递到记忆系统的下一个阶段——短时记忆。对于感觉记忆过程中的信息内容的互扰，我们可以通过新旧知识融合、强化刺激等方式努力克服。

2. 短时记忆

短时记忆保持的时间约为 20 秒，最多不会超过 30 秒，其信息容量为 7±2 个组块（G. A. Miller，1956），这是一个神奇的模块单位。组块是指人们在过去的经验中已变得相当熟悉的一个刺激单位，可以由多个数字或字母组成，如同3.1415926……可以代替 π 一样，多个数字形成主观的组块。一个人对某些方面的知识掌握得越多（组块多），他在这方面的记忆力就越强。在短时记忆中有魔法般神奇力量的数字"7"被心理学界广泛认同。

将信息块称为主观的组块是因为人们在对信息进行编码时通常采用的方法因人而异。例如对于 100110011001 这个信息块的编码，就可以有多种形式：

A：100—1100—1100—1

B：1001—1001—1001

C：100—1—100—1—100—1

而且短时记忆中的信息编码形式因记忆材料的变化而变化。有实验表明，记忆拼音文字时，暂存在短时记忆中的信息是用听觉编码，听觉呈现的材料比视觉呈现的记忆更准确些；记忆象形文字时，短时记忆则以形状编码为主。由于日语词汇是由象形文字的汉字和类似拼音文字的假名组成，因此对日语语言的记忆要由听觉编码和形状编码共同完成。

由于我们国家使用的汉字与日语的当用汉字字形相近，依靠形状编码增进短时记忆是方法之一。但是还要认识到日语的当用汉字的发音是通过假名的读音来表现的，所以，形状编码对日语语言记忆的影响要小于听觉编码。

通常短时记忆的遗忘不是信息的自然消退，而是需要记忆的信息被其他信息干扰所造成的（N. C. Waugh 和 D. A. Norman 设计的探察法实验结果），所以要增进短时记忆效果，就需要利用注意力集中的复述。复述可以维持感觉记忆在短时记忆库登记过程中的刺激。注意力不集中的维持性复述虽然能够延长短时记忆的时间，却不能自动把信息转入长时记忆中去。因此，在短时记忆中我们除了强调注意的作用外，还强调重复的作用。

在语言的学习中，重复又被称作练习。只是这个练习是在注意力集中状态下的重复，还要考虑到关于学习的其他一些情感问题。

3. 长时记忆

长时记忆是指长时期保持信息，时间从一分钟到人的一生。长时记忆的保持量和内容会随着时间的推移而发生变化。要使信息从短时记忆转入长时记忆，需要长时记忆对记忆材料进行储存，这主要通过对学习材料的精致性复述、组织加工和有动机地努力而习得。

精致性复述就是将接收到的信息进行各种精致性编码，如联想编码、组织编码等。组织加工是指把新材料加入已有的知识框架中，或者把材料组合成某个新的知识框架的过程，如分门别类记忆、联想记忆、意义编码（赋予无意义材料一定的意义）、心像化（将材料在头脑中形成图像）等。如何运用这些策略，我们将在教学策略部分详细论述。

心理学的研究表明，长时记忆的遗忘不是信息的消失，而是记忆的提取和再现等检索线索不足而导致的不能尽快回忆（检索不足学说）。还有研究表明，长时记忆的遗忘是因为在学习或回忆时受到其他刺激的干扰所致（抑制学说），抑制学说中主要强调的是倒摄抑制和前摄抑制。所谓倒摄抑制指的是后学习的材料对回忆先学习的材料的干扰，反之则为前摄抑制。对长时记忆在时间上保持量的变化研究，最著名的就是德国心理学家艾宾浩斯（Ebbinghaus，1885），他以无意义音节为材料做实验，提出记忆保持曲线。在这个曲线中可以看到先快后慢的遗忘规律。许多实验证明，在外语课下课 20 分钟后，学生会遗忘 50% 的所学材料，一小时后遗忘 60%，一天后遗忘三分之二，六天后遗忘 75%，一个月后遗忘 97%。所以外语学习过程中要及时、合理地复习巩固。

检索不足说和抑制学说都是从记忆内容的再现或提取角度考虑影响长时记忆的问题。记忆内容的提取和再现是我们记忆的目的，它是一个复杂的心理过程。长时记忆的提取有时是有意的，有时是无意的。有意回忆有时需要一定的意志努力和策略。因此，记忆日语时采用必要的识记策略，通过联想、触景生情等对语言记忆的提取会有帮助。

（三）"注意"的特征

根据人的认知结构，在感觉记忆和短时记忆中，"注意"都发挥着重要的作用。如果"注意"分配适当，可以暂时提高短时记忆的功效。如果分配不当，则会降低短时记忆的功效。

心理学对注意的研究表明，注意有以下两方面的特征。

1. 受动性和能动性

听到大的声音注意自然转向声音，这就是注意的受动性。是环境中的显著对比吸引了人的注意。当我们对感兴趣或关心的事物有意识地集中注意时，这就成为能动的注意，是注意的能动性。因此，我们能够在某种程度上自我控制注意什么（注意的选择）、注意的程度（注意的分配）、注意的时间、注意的持续等。

2. 与感情状态密切相关

对感兴趣的事物我们能够长时间倾注注意，惊吓会搅乱我们的注意，心情郁闷时注意也会凌乱，紧张会使注意持续。我们的感情状态就是这样与注意紧密联系的。特异的感情状态引发的精神压力和动机对注意会产生强烈的影响，进而会影响到短时记忆的信息处理。

影响注意发挥作用的是情感要素。在语言学习中，我们需要有良好的学习心态，让学习兴趣、爱好、理想目标等都成为提高注意力的原动力，发挥注意的能动性。

（四）元认知的机能

简单地说，元认知是人们对认知的认知。例如，在短时记忆时自己的记忆容量是多少，采用什么方法才能很好地记忆，哪一种课程比较难，这些都是我们在记忆或解决问题方面的自我认识或认知。元认知对我们解决问题有重要意义。

从元认知支持人们的自省能力角度分析，元认知具有四种监视和控制机能。

（1）自我监督机能：包括自己知道什么（知识的元认知）、自己能做什么（能力的元认知）、自己现在的心理怎样（认知状态的元认知）。

（2）自我调控机能：怎样发挥心理机能（心理的调控）。

（3）自我教育能力培养。

（4）认知策略训练。

其中，关于自我教育能力培养和认知策略训练，是近些年逐渐发展和被重视的元认知教育训练。有些训练目标已经被纳入正规教育的课程目标中。

应该明确的是，不是所有的元认知都能在学习活动中充分发挥作用。元认知与认知机能和认知能力相联系。例如，儿童自主学习时，对于难题不会花费很长时间学习，对于自己学习过程中出现的问题，纠错或自我检验的能力水平较低。成年人的自我认识能力和自我控制能力要大大高于儿童。因此，在日语语言的学习中，充分发挥元认知的作用，实施有效的自我监督、自我调控，会帮助我们达到预期目标，获得学习成就。

第二节 日语知识学习的心理本质

知识是以经验或理论的形式存在于人脑中的，对客观现实认识的结果，反映客观事物的属性与关系。事物的种种联系、关系，特别是事物的本质规律，是不能单纯通过感觉知觉直接认识到的，必须通过一种思维活动即"理解"才能认识。按照认知学派的结构同化理论，新知识的获得主要依赖认知结构中原有的相应观念，通过新旧知识的相互作用，新知识同化于既有的认知结构，或改组扩大原有的认知结构容纳新知识，这就是理解。可见，知识的掌握首先要达到理解的程度。理解的水平有高有低，通常经过由肤浅部分的理解到深入全面的理解过程。对复杂事物的理解也需要通过分析、比较、综合、概括、抽象等思维活动才能掌握事物的本质规律。而任何理解都以固有知识与经验为基础。掌握基本概念、基本原理就能更好地理解新知识。概念学习是理解的根本。概念的学习是以记忆为基础，在记忆过程中，人的注意、元认知都发挥着重要的作用。因此研究语言知识学习的心理过程，就需要明确理解概念学习的心理、了解语言学习中人的记忆、注意、元认知的特点。

一、日语知识学习的心理结构

根据目前心理学界对第二言语的认知过程的研究得知，日语知识的习得从宏观角度可以划分为三个阶段。

(一) 固有知识迁移阶段

固有知识迁移是指在过去的学习和生活中获得的知识、技能等经验性知识迁移到日语学习中。但是，这种迁移不是完全的迁移，有可迁移性知识和不可迁移性知识之分。

支持成年人日语学习者初期学习的就是丰富的既有知识的迁移。这与儿童的学习不同。知识迁移的保证是新旧知识的相似性。一般说来，相似性越高就越能促进迁移，但是随着正迁移的出现也会同时发生负迁移。就知识迁移既能促进新的学习（如良好的母语语言学基本功对外语学习的促进作用等），也会对新知识的学习产生负面影响（如将母语中的发音迁移到日语发音中；将汉语的汉字完全迁移到日语的当用汉字学习，产生错误等）。

最高层次的迁移是类推。类推是将新旧知识之间的要素对应起来，甚至是将各领域的要素结构对应起来，根据其类似性进行判断，从而获得目标领域的知识。例如，将中国的儒家思想与日本的忠孝观相对应，甚至可以从中理解日语敬语所表达的尊敬层次结构。类推虽然也有带来负迁移的危险，但是对于知识的获得来说，仍然是高效优质的知识获得方式。

(二) 熟练性知识及规则性知识的获得阶段

熟练性知识的获得是知识间反复链接的结果，需要通过反复练习才能达到纯熟。

规则性知识的获得以一定规则为基础，如语音规则，语法规则等。规则性知识的获得通常需要很长时间的努力，而且，在最初的过程中常常发生负迁移，越学习越了解到自己要学习的知识有很多，从而因为知识规则的庞大而导致不安，陷入智能不适应期的状态。学习者需要靠很强的学习动机才能摆脱这种不适应。

（三）第二言语状态下的知识稳定阶段

这个阶段就是我们所说的达到日语学习成就的阶段，学习者可以自如地运用日语进行交际。对关于日语语言知识方面记忆内容的提取，从有意识行为逐渐过渡到无意识行为的阶段。

目前我们对第二言语认知过程还不够十分明确，主要是关于三个方面。第一，语言是否应该有其固有的意义表象。按照言语相对假说，这种固有的意义表象是存在的。第二，翻译系统的介入方式。在学习的初期这种介入被完整地、有意识利用，第二言语熟练状态下这种介入就有无意识化倾向，造成这种倾向存在的原因是程序性知识在发挥作用，还是几乎就不存在翻译的介入。第三，与前两问相关，母语和日语的并存，各自含有意义表象是否被完全基本要素化了。这些疑问是语言学与心理学尚未解决的问题，也是日语学习理论今后要研究和论证的问题。

二、语言学习的神经反应机制

巴甫洛夫将客观世界一切直接作用于机体的刺激物称为第一信号，把由第一信号引起的皮层活动称为第一信号系统。我们可以通过语言中的词汇概念来理解其含义。

语言中的词也可以成为条件信号，作为特殊的刺激物，标志着某一事物成为这一事物的信号。巴甫洛夫把这种信号称为第二信号，即信号的信号。由第二信号唤起的皮层活动称为第二信号系统。词汇作为一个刺激物存在，也就是第一信号，词汇本身的音、形、义可以使人通过感觉和知觉表象出来，引起第一信号系统的兴奋。但是当人们不理解作为刺激物的词汇时，词汇只是第一信号系统的刺激物。为了使词汇成为第二信号系统的刺激物，则需要引起第二信号系统的兴奋。要达到这个目的，则需要借助于人们对这个词固有的感知经验。

首先将所反映的客体与经验中的其他之间建立某种联系，通过词汇"形成第一信号具体刺激物的概括，也即形成了反映相应客体的本质特征总和的概念。一般信号中的词变成了信号的信号，成了许多刺激物的代表。这种概括活动正好是第二信号系统的典型特征。因此，第二信号系统被认为是用概念和判断进行思维的生理基础。由于这种思维只能借助词来形成，思维也就只能借助语言来进行，并在词中表现出来。"

在作为外语的日语学习中，由于日语思维基础的神经机制一部分与本族语思维机制相同，而另一部分不同，相同的部分在第一信号系统水平上作用着已有的、相应于外在客体的暂时联系复合体，以及重新形成相应于外语词汇视、听、动觉复合体的暂时联系复合体；不同的部分需要在第二信号系统水平上形成暂时的神经联系复合体，即日语词汇所包含的与本族语不同的概念系统。

通过翻译来掌握外语时，使神经机制一方面复杂化了，另一方面会产生本质的改变，因此不可能形成作为外语词所表示的概念之生理基础的第二信号系统神经联系复合体，只能是第一信号刺激物，使外语失去了本身的特点。因此，掌握日语词汇的关键是建立第二信号系统。也就是将外语词汇概念与事物表象之间建立起直接的联系，排除母语的介入。这也就是日语思维，是日语学习的高级能力。

三、理解日语的心理过程

（一）词义与概念

词汇是词义与词的感性基础（听觉、视觉、动觉——发音、书写）在人脑中的反映。词义就是词所表达的意思。它包含词汇的中心意义（又称基本意义、词根意义）和词汇的具体意义。词的具体意义是指词与其所表达的客体或现象之间的关系；词的中心意义则决定于词与概念（概括地反映现实的）的直接联系。词汇的中心意义与具体意义之间是一般与个别的关系。

在外语学习中，常常会产生词汇学习的困难，这主要是对词汇结构中的某些方面掌握不足。比较常见的就是释义时只掌握了词汇的某些具体意义，没有完全掌握词汇的中心意义。实际上，掌握中心意义尤为重要，如果这个词不与所表达的概念联系起来，既不能理解这个词也不可能在言语中用这个词表达思想。例如：日语词"車"在具体情况下可以表示"汽车、轿车、卡车、人力车"等，而其中心意义则为有轮子能运行的车辆。掌握词汇的中心意义才能比较准确地形成具有一定内涵的概念。

概念是在感知和表象的基础上形成并用词汇来表达的。表象中包含本质的和非本质的特征和属性，概念是本质特征的总和。每一个概念不仅有内涵还有外延（范围）。在概念完全相同时，相应的两个词可以相互替换，这种情况下，这些词汇是等值的。例如：日语词汇中的"日本"与汉语词汇中的"日本"就是等值的概念。而在概念不是完全相同的或是部分相同时，不能简单地用一个词去代替另一个词。词汇本身有基本意义和转义，证明词汇所表示概念的内涵和外延的存在。因此，每一个词语都具有相当复杂的结构，每个词义都能在语言中发挥重要的作用，并且各词义互相依存。

（二）句子的理解

在句子层级上进行处理的言语理解，受到句子的结构、功能、加工等因素的影响，这是因为理解是在所有这些方面相互作用的基础上进行解码的结果。这个解码过程也就是通过句法和语义处理发现句子底层结构，从字符或声音吸取意义的过程。此外，还要从语言文化的角度去把握句子的内涵。

句子理解中的结构问题，主要是从句子的表层结构揭示底层结构。

语言功能关于准确理解语言的研究表明，语言交际涉及直接言语行为和间接言语行为，受交际需要和交际意图的影响，间接言语行为因为具有代用功能、礼貌功能、掩饰、避讳功能、攻防功能和美感功能等，在语言交际中被广泛使用，通常以假托、暗示、双关语、反语、旁敲侧击地试探等方式进行。例如，"暑いですね。"语境的不同，可以表达如下的含义：偶尔遇见的两个人之间的寒暄；希望听话人为说话人买一杯水；想要打开窗户而征求对方的意见等。

间接言语交际要求领会者阅读和听解时要脱离字面意义去推断说话人的意思，虽然看起来一句话可以表示很多的意义，但是，当听话人和说话人有共同的语言交际假设，即有常规性规则控制话语含义，按照常规语境我们能够理解话语的隐性含义，掌握谈话的准则可以帮助我们准确理解话语含义。

句子加工是指对句子的底层结构做出复杂推断，而要做出推断必须有一定的言语信息为基础。"新闻报道是跑出来的（指深入实际）"根据我们的经验可以得知，通常写东西是用手，结合新闻报道这一职业的特殊性，就不会将上一句理解为"新闻报道是用脚写出来的"。因此准确理解句子还需要我们以经验为基础的启发方式，对听到或看到的句子进行分析加工。

此外，对语言文化的认识也制约着我们对语句的理解。例如："盆と正月が一緒に来たよ。"按照字面的理解是盂兰盆节与新年一起到来。日本的盂兰盆节是在夏季，而新年是岁首，不可能一起到来。这句话的真正含义是：喜上加喜、忙上加忙。不了解日本社会的风俗习惯就不可能正确解读语句。再如，日语的寒暄语中也含有许多言外之意，如果不能准确解读也会导致交际失败。因此，理解语言也要研究语言的文化内涵。

（三）语言规则学习的认知处理过程

关于成年人学习日语语法的认知处理过程，冯富荣（1999 年）提出了一个模型图，按照这一模型图的解释，成年人学习者接触作为第二言语的日语时，首先会寻找固有知识体系中的对应物，如果具有这种对应物，则会产生两种可能：一是具备实质性对应，另一个是表面对应，而实际上不具备实质性对应。无论是哪种情况，学习者对于日语学习材料都会经过同化、变换、回避等操作程序，将其纳入固有知识体系中，进行全方位的体系化处理。另一方面，在固有知识体系内的、已经被记忆的日语语法知识产出（应用）时，结合母语的语法演绎性应用时，前者一般不会出现问题，而后者，即没有实质性对应的项目就容易出现问题，而且对于这一类问题还会有能发觉与不能发觉之分。能发觉的问题可能会得到修正，通过再次体系化来更正学习；不能发觉的问题会在没有修正的前提下被反复学习。这种语法的学习过程，作为学习条件来说最重要的是发现问题。能够发现问题，就能够进行有意识的学习活动，反之，不能发现问题，学习就是被动和消极的。

此外，没有母语对应物的日语语法项目，学习者不能将之与母语规则相结合，只好不受母语影响地学习第二言语。这也存在两种可能：其一是对日语语法规则明确的知识的学习；其二是学习规则性不强的语法知识。对于前者的学习是比较容易的，随着学习年限的增长，出现错误的可能性会逐渐下降。对于后者的学习，由于理解和掌握母语中没有的、规则不明确的知识必须与语言应用场合相结合，而由于长时间以来与固有知识相结合的学习定式的存在，要将陌生的、无规则的知识转换成与语言应用场合相结合的学习行为，则容易产生学习困难。

第三节　日语技能学习的心理本质

日语技能包括听、说、读、写，简称外语"四技"。这些言语技能有着不同的生理、心理特点，但各种言语技能之间存在着密切的内部联系。读和听属于领会理解性言语技能，读借助于视觉器官、听借助于听觉器官接受信息。说与写属于表达性言语技能，说借助于口腔等发声器官，写借助于手臂的运动。翻译分为笔译和口译，笔译与读和写一样，借助视觉和手臂器官运动；口译与听与说相同，属于听觉和口腔发声器官的运动。在每一种技能活动中，除了主要运动器官积极活动外，其他的器官也都处于兴奋状态，每一种言语活动都是多种器官共同运动的结果。人脑思维最终支持各项外语技能发挥作用。没有任何一种言语技能能够孤立存在，各技能之间互相依存、互相影响、互相补充，对·种技能的掌握有利于另一种技能的发展。

一、日语言语技能掌握的生理特点

技能是顺利完成某种任务的行为活动。技能学习是知觉的一定刺激，对这种刺激有良好肌肉运动反应的技术的获得。日语技能学习，简单地说就是对听、说、读、写、译能力的培养，语言技能的培养实际上是一种言语运动过程中身体技能的学习。这种技能学习的途径之一就是反复操练形成熟练。

言语运动技能主要与人的言语听觉、言语视觉、言语动觉直接发生联系。

人的听觉器官能将频率为 16~20 000 次/秒（赫兹）的音波（适度的听觉刺激）作为声音来接受。听觉的主观体验是音高、音强、音色等，音调高低与音强的变化与语言材料本身虽然没有关系，但是由音调变化构成的感情色彩丰富的语言，在语境中会影响言语含义。音色的作用是根据一定语言的音位体系划分音位，从而区别词义。为了区别语音的音色，需要听觉器官分析器中形成根据该语言所具有的音位属性来感知语音的听觉，称为音位听觉。音位听觉就是言语听觉。音高、音强、音色反映在语言的言语中就构成言语的韵律因素——语调、重音和节奏。日语发音有长短音之分、清浊音之别，促音与拨音的发音也会随着后续假名的变化而变化，听觉过程中语调、重音还直接影响语句的意义，因而需要专门训练才能形成言语听觉。

通常在有声言语中起主要作用的是言语听觉，但是言语活动中往往也会产生词和句子的表象，这说明即使在口语中也存在着言语视觉的作用。视觉是辨别外界物体明暗和颜色等特性的感觉。通常言语视觉与视觉器官的眼球的折光系统、视敏度等有直接关系。阅读的生理机能，会影响到阅读速度，但对阅读的效果不产生根本作用。以具备阅读生理机能为条件，对感知书面材料有重要意义的是眼的运动。眼的运动以注视、注视之间的运动（包括回视）为主。注视是眼睛运动的暂停，注视时间占阅读时间的 92%~94%，受阅读材料难易程度的影响，对一个语言单位的注视时间分布在 0.22 秒~0.236 秒之间。注视与注视之间的眼动为 0.1 秒~0.23 秒。注视在阅读中通过视野、视幅、认知幅度起作用。一次眼动可以扫视约 10 个字母或文字，成熟的阅读者在眼动中有 15% 的回视，以确认未看清或不是很理解的地方。阅读能力越低，回视率越高。在有声阅读中，眼睛的运动往往超于声音，默读时，对阅读材料的理解往往不是以词理解为单位，而是通过记忆上下文来领会一个思维单位的方式进行。

言语动觉是由发音器官（包括声带、口腔等）中的肌肉、肌腱和韧带内各种动觉感受器和传入神经将信息传入大脑皮层第二、第三脑回所产生的感觉。书写时手的动觉也可以认为是言语动觉。但通常所说的言语动觉都指来自发音器官的动觉。如日语浊音、促音的发音需要摩擦和气流阻塞、爆破，这就需要舌、唇、声带等的协调运动。整个发音器官——肺部、声道、口腔或鼻腔都参与言语动觉运动。

需要明确一个问题，技能也是一种心智活动方式，是借助内部言语在头脑中进行的认知活动。运动技能与心智技能既有联系又有区别。感知、表象、思维和肌肉运动是组成技能的必要环节。外部运动是心智技能的体现，心智技能是外部技能的调节者。在完成比较复杂的行为活动中，心智技能与运动技能都是必要的。掌握知识需要理解，理解就是心智技能的一种。人们在掌握外语时，不能把外语学习单纯归结为运动技能熟练，要将运动技能与心智技能有机地结合起来。

二、日语技能掌握的层级

（一）按照言语技能掌握的程度水平

可以将日语技能掌握划分为三个层级：领会式掌握、复用式掌握和活用式掌握。

"领会式"技能以认知为特征，表现在对言语的感知和理解，当人们能听懂（听觉领会）或读懂（视觉领会）言语时，就表明已经达到了领会式掌握。这是多数学习者能够达到的境界，但是许多学习者也只停留在这一层级。感知和理解日语的过程是一种解码过程，归根结底还是接受的过程。外在知识与经验都是通过听与读来获得，以记忆为基础，通过记忆使视觉刺激和听觉刺激中的编码意义变成学习者头脑中的意义。但是这种意义还不能立刻被自如再现，因此，领会式掌握是以认知为特征的，还不能上升到说与写、译的言语运用程度。特别是中国的日语学习者，因为日语中大量当用汉字的使用，所以阅读技能的发展总是先于其他技能的。

"复用式"掌握主要是指熟记规则和材料的基础上，再现并感知过去掌握的语言材料。依靠背熟的材料讲话是复用式掌握语言的普遍现象。复用式掌握已经表现为主动地说或写。但是在这个层级还不能灵活运用语言，不能自如地表达自己的思想。

"活用式"掌握是指能够熟练听说读写，自如地、创造性地再现语言材料的技能层级。是日语技能学习的高级层级。

在学习实践中我们会发现，"领会式"学习和"复用式"学习的目标并不利于我们有效运用语言进行交际，因为正常情况下的语言行为实际上包括了解、掌握语言，更重要的是对语言的使用。因此"领会式""复用式""活用式"是实际存在的三个掌握言语技能的不同层级或目的，"活用式"目标才是语言学习的最终目标。

(二) 按照运动技能掌握的过程

可以划分为三个阶段：认知或知觉阶段、联系形成阶段、自动化阶段。我们以语音学习为例进行具体分析。

1. 认识阶段或知觉学习阶段

重点在于注意动作特点和做出的反应。任何运动技能的学习都要经历这个阶段，但是不同运动技能学习所需要的时间不等。对于学习日语语音来说也是如此。为了学会一个语音的发音，学习者至少应该事先知道所学习的语音结构是什么，初步了解关于这个语音结构中音位的一般知识，不要只单纯学习某个音位。

2. 联系形成阶段

重点在于使适当的刺激与反应形成联系，即加涅所说的"建立动作连锁"。能够认读或书写假名。在这个阶段应该排除过去语言学习经验中的习惯。在语音学习中表现为克服本族语的干扰，尽量模仿准确的发音。

3. 自动化阶段

重点在于形成以随意注意为特征的熟练。这个阶段看、听、读、写等一系列动作自动完成，无须特殊地注意和纠正，动作可不经意志努力而实现。语音学习中体现为学习者通过反复练习形成熟练的语音技能，即听时能辨别，写时不出错，读时不停顿。

运动技能掌握过程的三个阶段受诸多影响因素控制，这些影响因素有时不分阶段，按线性序列先后发生作用，有时在同一时间出现。因此，在运动技能掌握过程中要注意策略的选择。通常认为有效模仿、反复操练、合理反馈和纠错是推进运动技能提高的有效方法。

模仿是运动技能学习中最重要的组成部分。对学习者来说，提高注意、感知、观察、短时记忆效率，以便于很好地模仿。

有效地练习包含最初地尝试和模仿活动，甚至还包含错误地尝试。任何新的比较复杂的运动技能的学习，都需要多次练习方能掌握。随着练习次数的增多，动作的精确性、速度和协调性等都会逐渐提高。在练习中，听觉训练的目的在于使学生能准确地进行模仿。视觉训练的目的是让学生对发音能形象地了解，也就是让学生观察正确的发音口型和书写方式。动觉训练的目的是使学生进行发音部位的肌肉训练以便能够正确地发音，还有书写时手臂的肌肉训练。这三种训练可以互相配合、互相促进。当听觉、视觉与动觉的运动达到有机结合，以自动的形式表现，则相应程度的语言技能也就形成。

学习者可以通过了解自己学习行为的结果，改变自己的错误，提高技能，对自我运动技能学习实施有效的监控和评价。心理学不同学派对待学习中的出现错误的态度从来就是不同的。行为主义强调有错必改；认知论不主张对学习过程中学习者出现的错误多加纠正。双方各有道理，但是理论应该符合教学的具体实际。想要获得标准的、地道的语言表达能力，不可避免地要纠正错误，只是对于不同技能训练的目标要采用不同的纠错方式。例如会话中反复纠错会影响语言思维形成，会话中的朗读练习则是纠正语音错误的好方式。

根据不同的教学目标，语言能力教学的要求也各有侧重。通常认为，如果重视发音、听力方面技能的训练，则对运动技能方面能力的要求突出；如果强调认读方面能力的培养，则对感知、理解方面的能力要求高；关注写作、翻译方面能力的培养，对于结构、构思等思维方面和语言表达方面的能力要求相对就高一些。

三、日语听解的心理过程

"听"这种言语活动从生理机制来看主要是听觉分析器的活动。"听"是通过听觉分析器接受表达一定意义的声音信息，然后传达到大脑皮层的有关部位，使语义和声音形象建立牢固的联系的过程，因此，通过他人或发音机器发出的声音信息，只有清晰、洪亮，才能使听者产生深刻的听觉形象。听觉形象的形成是听懂语言的基础。

　　现代心理语言学证明，"听"这种言语活动主要靠听觉器官，同时，发音器官和视觉器官也参与活动。人们将听觉接收的信息输送到大脑的左半球语言区进行语言信息处理。这种处理过程首先要求听者把接收的声音信息通过发音器官转化为内部语言或话语信息，即以内部语言形式复述接收的信息。因此，听的时候，口腔和喉部等动觉器官以潜在的形式参与活动。此外，在具体的言语交际活动中，还要通过观察听话人的表情、动作、手势，借以帮助理解讲话的内容。

　　从心理学角度来看，"听"的过程是先对听到的词、句子、话语片段进行感知，形成声音表象，然后对词、句子、话语片段表达的意义进行理解，这也是积极、紧张的思维活动过程。通过对所听到的信息进行分析、概括、归纳和综合，最终达到确切的理解。上述思维过程由于声音信息迅号是在瞬间完成的，因此"听"的这种言语活动必须通过记忆来完成。

　　参与"听"的记忆有瞬时记忆、短时记忆、长时记忆。记忆的程序分为三个阶段：第一，声音信息从瞬间储存（声音感觉）到短时储存。进入短时储存后能被人意识到。第二，信息在短时储存中经过各种编码后传到长时储存中。第三，声音信息通过再认而被人们理解（回收）。

　　通过上述分析，日语学习中"听"的心理过程可以分为四个步骤：

　　（1）准备阶段：听者要清楚为什么"听"，"听"的目的是什么，应该从中了解什么。

　　（2）预测与检定：听者根据内容中包含的信息进行预测，并检定自己对这些信息的认识程度。

　　（3）取舍：听者根据"听"的目的，决定对所听内容的取舍。

　　（4）确认：确认自己的理解是否正确

　　这四个步骤是听者自然的心理过程，但是通常存在于潜意识中，提高听解能力，需要在日常"听"的练习中有意识地加以训练。

四、日语会话的心理过程

　　人的大脑有两个半球，左右脑各有分工，左脑承担语言和逻辑功能，右脑承担情感功能。科学证明，左脑是"语言半球"，是语言信息的转换台。把头脑中语言信息转化为具有一定的思想内容的声音符号并储存在大脑中，就具备了说话的能力。因此人们在说话时是内部语言转化为外部言语的过程。而且，说话还需要口腔、咽喉等部位的肌肉，通过不同组合的运动，才能发出有声语言，达到"说"的地步。

独白是单项交际形式的"说"，是凭借有声语言传递信息的过程。这一过程可以分为构思和表达两个阶段。构思是指考虑要说的话语的思想内容，构思"说什么"，也称为话语计划。表达是指寻找恰当的言语手段来表达思想内容，即"怎样说"，也称作话语输出。有些话语表达不是在构思的前提下进行的，表现为话语表达迟疑、停顿、出现口误等。话语表达包括两个要素，言语手段和非言语手段。其中以言语表达为主，非言语表达（如表情、手势、动作等）是言语表达的辅助手段。

在构思阶段，说话人通常会考虑以下几个方面：

（1）听话人的知识：决定表达内容，按照对方可以理解的程度组织材料。

（2）合作原则：通过注意话语的逻辑性、信息量、话题选择、词语意义，实现有效的交流。

（3）社会语境：尊重对方民族习俗，注意人际关系、地位、场合等社会语境。

（4）语言手段：在固有知识中选择自我熟悉的词语与表达方式。

表达阶段实际也是话语计划的传输。当人们流利地说出想要表达的话语时，就是理想的传输。为了使听者正确理解输出的话语，说话者追求理想的传输。在理想的传输中最常见的破坏就是迟疑、停顿。语言速度几乎完全取决于停顿的多少。语言学家分析常见语言错误，将停顿的种类归纳为：无声停顿、填补停顿、重复、出错（不折回）、出错（折回）、改正、插入感叹词、口吃、口误。当然，言语输出中也不能没有停顿。通常认为，言语中存在三个停顿点：语法结合部、其他成分边界、成分中第一个实词之前。此外，插入感叹词或改正时的停顿属于说话者对话语内容的解释或评说，并非直接信息本身的一部分，所以没有被纳入停顿点中。

对于表达过程的研究，语言学首先从人的发音程序上进行说明。加勒特（Garrett）提出发音程序形成的五步骤：

（1）意义选择：决定思考中各构成成分的意义。

（2）句法轮廓的选择：建立构成成分的句法轮廓。

（3）实词选择：选择名词、动词、形容词和副词以适应相应的词位。

（4）构成词缀及功能词：厘清功能词（助词、助动词、接头词、接尾词等）和词尾变化形态。

（5）语音切分的说明：逐个音节地建立起充分说明表达内容的语音切分。

进入第五步，发音程序已经完成，但是人们在实际执行中始终对讲出的话语进行监控，一旦发现错误就会停下来改正，然后继续讲下去。当然也有一些口误因为不会引起误解而被忽略。

此外，在发音程序中，词汇的作用被赋予了重要意义。但是不是所有的固有词汇都能顺利进入发音程序。例如常见的"话到嘴边"就是例子，这在外语会话中格外明显。每一步发音程序都难免会出现错误，口误情况经常会发生。

第二语言习得方面的研究表明，习得语言只在理解目标语信息时产生。不理解的输入（如听不懂的广播或对话）无助于语言的习得。有的学者认为，用外语流利说话的能力不是直接教出来的，而是通过输入习得足够的语言能力之后自然形成的。输入就是吸收，在习得过程中占据重要地位。这种输入必须是可理解的，为了使习得者在习得过程中能进入下一个阶段，就需要理解能力中包含下一个阶段理解所需的一部分输入语言。通常达到理解的办法是通过上下文语境和附加的语言信息来实现。在语言习得的过程中人们更关注的是"说什么"，而不是"怎么说"。这与语言的交际功能是一致的。

五、日语阅读的心理过程

阅读是读者与作者的交际活动，这种交际是通过文字符号来实现的。作者借助文字符号提供信息，读者运用记忆中的知识和经验理解文字符号所传递的信息。这一过程可以分为感知语言材料和理解书面材料两个主要阶段。这两个阶段紧密相连，阶段的过渡瞬间完成。

（一）感知阶段

感知阶段也称为符号辨认。阅读过程从视觉器官接受文字符号开始。文字符号作用于读者的感觉器官，引起许多感觉。但是这些视觉本身还不是阅读。因为看到构成一个个单词的一组组假名符号还不等于感知这些单词。还必须在假名与声音之间建立起联系（对于初学者来说通常为低声诵读），使视觉伴随听觉和动觉，并与单词所代表的概念在大脑皮层中留下的痕迹相接通，迅速形成单词的音、形、义的联系，从而达到对词的感知（对词的一般理解）。要感知单词，必须有熟练的编码和解码能力并有足够的单词储备。

初学阅读的学生应掌握笔语的区别性特征和简明词汇的一般排列形式。与熟练的阅读者相比，初学者由于不能充分利用句法语义等非视觉信息来源，而更多地依赖视觉信息，根据语言的表层结构和假名、汉字的视觉排列来归纳意义，就造成了只重视辨认单词和发音，忽视理解篇章的机械性阅读。阅读者对于语言符号的不同处理方式，直接影响到阅读理解率和阅读速度。

（二）理解阶段

阅读的第二个阶段是理解阶段，又称译码阶段。这个阶段有两种情况：对意义或结构不难的句子通过识别达到理解；对意义和结构较难的句子，通过推测或判断、推理达到理解。

识别是指对于有形语言要素的感知，但是阅读过程的第二阶段的识别是指对语法形态和词语语法关系的识别。因为感知语言只依赖词汇是不够的，必须要借助语法知识才能确切理解句子的内容。

判断和推理是一种智力活动，是指按语境进行积极思考和分析，从而达到确切理解，包括对词在句子中的意义、句子结构以及无语言表示的内容的理解和领悟。在阅读实践中常有这样的情况，句子中的词汇、语法关系都明白，就是不懂全句要表达的确切意义，这时就要根据语境进行推测。例如："新聞記事は足で書くものだ。"（"腿勤"才能跑出新闻。）就不能从字面来理解为：新闻报道是用脚写出来的。这种推测要求读者有较强的语言的社会功能方面的知识，有较强的语言能力，要有体会作者在阅读材料中所传递的知识和经验的能力，要有较强的思维能力。

感知阶段和理解阶段的衔接时间很短，所以高效能的阅读要求读者快速理解、排除心译。因此，多掌握语言材料和阅读时将注意力集中于阅读的内容而不是语言表达形式、阅读目的明确就成为高效能阅读的前提条件。

在阅读理解过程中，理解由一个个语句构成的文章整体含义时，固有知识发挥着重要的作用。这不仅表现在通过对文章主题的理解推导生词意义，还包括固有的经验在理解话语意义时发挥的作用。当我们可以能动地理解文章时会发现，活用既有知识对文章进行预测或推理所得出的结论有时与文章事实不符，那么或者是质疑文章逻辑性，或者是会斟酌既有知识的整体性和一贯性，从而对理解状态进行评价或修正（这也称作理解监督机能）。后者的监督机能的高低，随着人的年龄的增长和对语言学习的熟练程度的提高而具有个性差异。监督机能发挥程度也直接影响阅读理解程度。固有知识和经验不仅在阅读理解中，在听解中也发挥着重要作用。

六、日语书写表达的心理过程

写是一种运动技能，这种技能是习得的，是通过联系和反馈逐渐形成的、精确和连贯的、受到内部心理过程控制的实际肌肉运动。因此也称为心音运动技能。又因为运动技能与知觉联系在一起，也可称为知觉—运动技能。运动过程中的"写"又称为"书写"，运动与知觉相联系的"写"是"写作"。

书写是写作的基础，它是一种连续的运动技能。连续的技能要求在内部心理的控制下对外部情境不断调节，逐渐减少反应连锁中的不必要的分解动作，使学习者能够流利自如、快速而准确地写出词和句来。书写还是手脑并用的运动技能。口语运用发音器官进行运动，笔语则用手部动作把想法记录下来。没有意识的控制，口语和笔语都不能构成言语。因此"写"实际上是通过手的动觉编码将思维内容转换为视觉编码的过程，因此是手脑并用的运动技能。书写也是一个包含自动化部分的自觉过程。书写过程中存在着认知心理学所强调的目的、计划、内部程序或表象的作用，也存在着行为主义主张的强化和自动化的作用。总的来说，书写是一个自觉的过程，随时受到意识的监控和所发出指令的操纵。但是也有部分的书写动作因反复练习而自动化。

通常我们所讲的日语"写"的能力主要指写作能力，包括句子写作和文章写作的能力。对于书写能力的培养主要是针对语音阶段的假名书写，在外语教学目标中不占重要地位，因此本书忽略书写的心理过程，只介绍外语写作的心理过程。

（一）写作之前的心理活动

1. 定题

写作的题目来源通常有指定题目和自选题目两种，明确题目是写作开始的第一步。对于已经明确的题目进行必要的分析，把固有知识和经验纳入题目中，是题目分析过程中必须经过的心理过程。

2. 酝酿、构思和捕捉灵感

酝酿能促使下意识选择和评价材料，做出新的联系，有时可获得新的观点或解决办法。没有思路时不能急于开始写作，要留出思考的时间。有时短时间的停顿会产生新的灵感或思路。要注意的是酝酿在于积极地思考，不能因为停笔就停止了思考。

构思是一个意识从集中到分散，在自觉与不自觉之间往返移动、搜寻的过程。它既不全在于工作，也不全在于灵感。有效的构思既要以扎实的工作为基础，也要讲究方法，善于捕捉灵感。

3. 写作计划

通常写作计划就是指写作提纲。编写提纲是写作顺利进行的保证，是写作的重要准备阶段。

（二）写作过程中的心理活动

1. 考虑主题的意义

不论是指定题目写作还是自选问题的写作，所写的内容应该是能显示自己对问题的认识和见解，要向读者展示新的观点，为他们提供有用的信息，要生动有趣、富有寓意。因此要时刻考虑所写的每一段、每一句，甚至每一个词到底有多大意义，还要考虑对有意义的内容如何表达。对与主题关联不大或者无关的内容要不惜删削。

2. 考虑写作对象和写作目的

写作时要考虑到读者的感受，了解读者想要知道什么，会有什么问题，已经知道了什么，读后会有什么评价，采取什么态度。通过揣摩读者的身份、年龄层次、性别教育程度、社会地位等，从而在用词、造句、语气、表达方式等许多方面做出相应的变化。通过对写作对象的了解，确定写作的目的。

（三）组织和形成思想

写作要把思想呈现于纸上，有必要把所有的思想集中起来。作者必须考虑到保持统一的写法，使读者能够获得完整的印象和方向感，并保证读者能够跟上思路，不至于茫然或混淆，不用为意义的难以琢磨而反复阅读。

第四节　跨文化学习与翻译的心理本质

一、跨文化学习的心理本质

作为文化载体的语言与文化学有着密切的关系。人们对文化的多样性，自我文化和社会化认识的差异，文化与情感知觉、情感表现、情感评价的关系的研究，已经极大地丰富了文化研究的内涵，也为语言学习与文化学习的关系研究提供了必要条件。关于跨文化交际摩擦、交际背景要素对跨文化交际影响的研究，在国际交流日益频繁的今天也越来越受到关注。无论是政治、经济还是文化艺术的交流，单纯的语言知识学习已经不能满足交际需要，这一认识已经被广泛认同。跨文化交际问题已经成为外语学习与教学研究的新领域和主流倾向。

（一）跨文化接触的心理过程

对于中国的学习者来说，没有生活在异文化国度的日本，对异文化的接触主要是通过读书、看影视剧等方式实现。随着语言学习的深入，跨文化理解和认识的需求会更大。如何了解、理解异文化，对日语学习有重要意义，为此，需要研究跨文化学习的一般心理过程。

1. 接触前的心理

通常对异文化的接触是在不知不觉中开始的。即便日语学习开始之前，在固有知识结构中也会有异文化要素的储存，例如富士山、和服、机器猫之类象征性的文化概念。但是，需要明确的是，学习语言之前对日本文化的接触是从旁观者的角度无意识地接近。开始语言学习之后，通常对日语语言所依存的文化有一种了解的兴趣和需求，因为学习生活已经与日本发生联系，从感情上有一种深入了解的渴望，只是受学习动机的影响，这种渴望的表现程度不同。因此，这一阶段的心埋为渴望了解异文化和对异文化的亲近感。

2. 开始接触的心理

刚接触日本文化，对一切都充满好奇，特别是当感受到与以往的经验不同的体验，如日本的风土人情、生活方式、流行音乐等，都给自己留下深刻印象。由好奇心到神往，就是这一阶段的心理过程。

3. 跨文化挫折

当对日本文化有了一定的了解后，开始会产生一些疑问，比如为什么对这样的事日本人会这样想、这样做，按照自我固有的本民族文化视点来看，这种差异是可笑的或者是不可接受的。例如，日本人无论在家里还是在外面，吃饭前都要合掌说"那我就不客气了"，饭后还要说"多谢款待"，这会令中国人感到麻烦，认为在自己家里吃饭不需要这样客气。这体现出不同民族的人们在行为方式、思想观点上的差异。

要了解异文化，这个阶段已经不仅是作为旁观者对这样的事情感到有趣，而是学习者想要知道为什么会这样。可是，当固有的观念不能接受这样的行为时，就形成了文化冲突，在理解异文化时遇到了挫折。

4. 习惯适应

通过进一步的学习，对特定历史时期的日本社会有了了解，对于一些一般性的日本人的心理有所了解，对日本社会、文化、生活方式也形成了某种程度的认识，并且不再新奇、兴奋，通常在一些问题上能够预测某种时候大多数日本人的行为方式或对某一类事物的反应，对异文化的态度开始进入第二个冷淡时期。

5. 对本民族文化的质疑

当适应并且了解了异文化以后，通过自我判断分析，不自觉地会将本族文化与异文化进行对比，通常这种对比可以采取三种态度：

第一，全盘吸收异文化，排斥本民族文化。

第二，吸收异文化，不排斥本民族文化。

第三，排除异文化，保持本民族文化。

大多数的学习者可能会采取第二种态度，比较折中的态度。但是，不排斥本民族文化不等于对于本民族文化的弱点看不到，吸取文化精华是学习的本质。例如，看到随地吐痰的国人，我们不会也一味地弘扬。所以，吸收异文化的同时，不可避免地将两个民族文化进行对比，对本民族文化中的问题看得更清楚，从而产生怀疑。但这种质疑如果达到一定程度，就会形成第一种态度。如果采取第三种态度，则很难达成跨文化理解的目的。对于学习者来说，应该通过这种质疑发现两个民族文化的各自优缺点，从而规范自我交际行为，而不是仅仅以批判某一种文化为目的。

6. 统合阶段

这一阶段是经历过接触前的兴奋、接触时的困惑、接触过程中的冷漠和不自觉对比，最后，在内心世界对于日本文化采取了能够让自己接受的某种态度和观点，得出关于本民族文化和异文化的自己的结论，在对待异文化的态度上也形成一种判断。

通过上述分析可以得知，在跨文化的接触过程中，人的心理过程也是经历几个起伏后达成稳定认识的。

（二）跨文化理解的心理过程

根据研究表明，人在不同的心理发展阶段对于跨文化的理解程度也不同。通常在心理发展时期（4 岁~15 岁）形成动机情感体系，是属于文化意义的感受期，比较容易接受异文化的影响。过了这个时期，人在情感机能方面会出现交际困难，这是在人的心理机能和心理发展方面，伴随跨文化交际而产生的问题。由此可以看出，成人的外语学习中关于文化知识的学习，最关键的还是在于对跨文化的理解。

跨文化理解的心理过程包括对具有异文化特征的言语或非言语行为的接触、表层理解和意义理解三个阶段。

接触言语或非言语行为是跨文化理解的基础，属于感性认识阶段，这一阶段还不了解言语与非言语行为的意义或内涵。表层理解是将言语或非言语行为的意义与本族语言或价值观相结合，实际上是一种肤浅的文化翻译，对其认识和理解还是局部的、不完整的。意义理解阶段是深刻认识通过言语或非言语行为所表现的文化内涵。这种深刻程度可以与异民族的价值观、道德观、态度、信念、社会行为规范相结合。这种理解的心理过程包括两个层次，一是全盘接受型理解，一是辩证接受型理解。前者属于机械性理解，机械性意义理解虽然也是高层次的理解，但是属于被动接受条件下的理解。后者为真正的意义性理解，这种理解是与比较本民族文化相结合，与个人的价值观等相结合，是客观地、批判地理解，是跨文化理解的高级境界。

在语言学习过程中，跨文化的理解接触阶段和表层理解阶段往往难以区分，许多学习者对跨文化的学习也仅停留在这一阶段。在跨文化学习中我们期待意义理解，但是要避免简单地全盘接受，要能动地理解异文化的本质。

（三）跨文化交际的心理过程

交际的形态分为言语交际和非言语交际两种。语言交际形态主要伴随着言语来实现，被划分为音素、形态素、语汇、统语论和语法、音韵论、意义论和语用论等独特的构成要素来研究，这些要素也构成语言的本质。语言是世界的象征，人们通过语言能够交换意见、看法和感情。非语言交际形态是指面部表情、凝视、声调等语言信号和与他人的空间、姿势、姿态、沉默等非言语行为。在言语符号和非言语行为的交际过程中，文化自始至终都发挥着重要的作用。

语言交际过程中的文化心理对交际所使用的语言产生影响。文化是与构成人类的心理基本结构要素的知（表象机能、构成机能）、情（唤起机能）、意（指示机能）紧密相关。因此，为了让人们相互间无障碍地进行交流，这些机能必须具有共同的基盘。针对文化语义体系在我们的日常生活中发挥的作用，丹得雷德（D'Andrade，1984）归纳出以下四点。

（1）表象机能：为认识事物或处理事物妥当性等提供行动准则。

（2）构成机能：创造出例如纸币等有文化内涵的具体事物。

（3）指示机能：引发成员发出某种行动的动机。

（4）唤起机能：唤起对事项或行动的一定感情。

但是，在文化背景不同的人之间的交流，因为各自都拥有不同语义体系——心理的机能，因此也就会频繁出现问题。我们在中国学习日语时可能体会不到，但是如果在日本学习日语或生活的话，从表象机能到构成机能会努力适应日本社会，但是指示机能和唤起机能可能就会保持在中国时的老样子，由此产生与日本社会不相融合的问题，引起周围的人的反感，出现人际纠纷。例如，按照中国的交际规范，人们认为频频劝酒是热情好客，北方人甚至认为不喝光对方劝的酒会被认为是看不起对方，而日本人认为，把自己的意识强加于人是不礼貌的表现，令人讨厌。因此，知的机能比较容易变换，而与情、意相关的心理机能则比较难于改变。

有研究表明，持有不同文化的社会成员之间要想互相间圆满交际，需要具备两个条件。

（1）要对与自己归属于不同文化的他人有共同的因果归属，即推断特定的行动原因。

（2）要具备改变自己的行为以适应所处场合情形的能力。

跨文化的交际也存在着一定的心理过程。贝内特关于跨文化感受性的研究，将跨文化交际心理分为：否定、防卫、最小化、容忍、适应、统合六个阶段。

（1）否定：是以本民族主义为中心的初级阶段。这一阶段学习者对异文化从物理到心理具有距离，或者说人为地设置一种物理的、心理的距离。

（2）防卫：是本民族主义的第二个阶段。这一阶段认可异文化的存在，但是因为担心这种异文化的存在会伤害或威胁自我，因而对跨文化交际采取防卫的态度。这一阶段的交际心理体现为贬低跨文化，对异文化采取轻视态度。多数人这时对本民族文化采取优化评价的态度，但也有人具有贬低本民族文化，高度评价其他民族文化的倾向。

（3）最小化：是本民族主义的第三个阶段。这一阶段学习者认可文化差异的存在，但是对跨文化交际对自我学习生活的重要性采取最小化态度。因此，对于已经出现的文化摩擦等跨文化交际问题，也报以"这是普遍情况"的态度，而不是通过认识这种差异来努力探究解决问题的方法。

（4）容忍：是民族相对主义发展的第一阶段。不仅承认异文化的差异，还尊重这种差异，这种尊重分为两个阶段。一是文化性差异的多样性行为征兆，二是拥有异文化民族的文化价值观。

（5）适应：是民族相对主义发展的第二阶段。顺应每一个人所认同的文化差异，与异文化者交际，为达到交流思想而开始学习新的技能。这种技能之一就是共鸣感。即不仅认识和理解异文化，自己也产生同样的感觉、感情。第二种技能是与多元主义概念相关，通过理解他人的价值观、想法、态度而导入多种哲学理念，并且为了包容多元性、相异性，在自我内心深处创造出多种文化表象，这种多元性与两种文化并存和多文化主义密切相关。

（6）统合：是民族相对主义的最终阶段。与作为哲学意义上理解的多元统合、一般化背景下的文化差异评价能力相关，不是从单一文化观点出发，而是从非单一的、以状况背景为基准的观点来评价文化差异，这种水平的统合可能会与"发展的边缘化"相结合。"发展的边缘化"是指每一个人顺应社会背景，在异文化的多个界限内自由出入，恰当生存。

这个跨文化交际的心理模型不仅划分了本民族主义和民族相对主义的发展阶段，还识别了在不同交际心理阶段特定的技能、认识、情感的发展顺序。指示了跨文化能力和跨文化感受性的成长方向，清楚地证实了模型中存在着必须沿着内在发展的连续体移动的技能及其归属性。由贝特尔关于跨文化交际感受性发展而来的这个心理模型，也成为本领域重要的研究成果。

二、翻译的心理本质

日语学习过程中所涉及的翻译活动包括日译汉、汉译日两种。无论是哪一种翻译活动，都涉及语言知识、言语技能和跨文化交际能力的综合运用。

翻译有三种含义：一是指翻译的认知活动；二是指翻译的最终产品；三是指翻译的社会文化功能。翻译的不同含义导致翻译研究的不同侧重。贝尔认为，"翻译过程论"要求对信息处理进行研究，包括知觉、记忆、信息编码和解码，其研究途径为心理学和心理语言学；"翻译译本论"强调对译本进行研究，其途径为语言学，包括句法学、语义学、文体学、语篇学和话语分析。"翻译综合论"既要求对翻译结果进行研究，又要对翻译过程进行研究。

无论是口译还是笔译，翻译活动都包括两个过程：翻译理解和翻译表达。但是在这个过程中，还有一些生理心理机制、固有知识在发挥作用。因此，在翻译的心理机制模型中，我们主张结合翻译的不同分类以及翻译过程的神经反应机制，把翻译理解、翻译记忆、翻译中介、翻译表达纳入翻译的心理过程。

（一）翻译理解阶段的心理过程

翻译理解就是建构心理模型和赋予意义的过程，是话语或语篇内容与译者既有知识发生互动的过程。不同译者由于具有不同的既有知识，语篇内容与既有知识就产生不同的互动，这是翻译理解的差异和翻译错误产生的根源。语篇理解是一个构建整合的过程，其主要任务是把语言输入和译者知识库的内容建构成文本库；整合过程的主要任务是把所构建的文本整合成一个连贯的整体，并形成一个新的情景模型。具体来讲，翻译理解的心理过程如下：

1. 语言感知

这是翻译理解的首要环节，其过程意味着语音信息获得识别、加工和重构。

2. 词汇识别

在词汇的感知、识别阶段，译者从心理词汇中的若干个音位、符号组合序列中辨识、确定出一个个词，从而经历了神经信息的聚合性加工过程。

3. 句法分析

在源语理解过程中，译者试图通过句法分析和语法规则系统的支持，建立词际线性语法关系，直至获得具有句子格式的词序列。

4. 意义分析

在源语意义的分析、理解阶段，译者通过神经信息的整合性加工，实现传入大脑的外部信息的共时、多维综合或拟构出共现、完整的语义表征。

5. 语用推导

当对说话人的"意义分析"完成后仍然难以明白说话人的真正意图或"言外之意"时，"语用推导"即告开始。这意味着译者的翻译过程除了语言网络系统的参与以外，还需要多重信息网络中的知识网络系统（尤其是其中的已存知识和经验等）的支持，并要求译者结合语境，将推导时的联想控制在一定范围内并抑制次要联想和无关联想。

（二）翻译的记忆

翻译的记忆系统由长时记忆和工作记忆两部分组成。保存于大脑长时记忆中的内容是所有相互联系的"静态"内存信息，以多重信息网络（如感觉网络系统、语言网络系统、知识网络系统等）系统为表征；而保存于工作记忆中的内容则是承担信息加工、过程监控和计划执行的"动态"网络系统，它由两个分属机制组成，即：第一，信息的选择、加工、存取、重构等的神经心理"操作"机制；第二，信息的传输、计划、执行等的神经心理"监导"机制。记忆系统构成了翻译神经心理模型的核心。在这个记忆系统中，主要有如下要素在发挥作用：

1. 译员的知识

长时记忆中的多重信息网络结构系统提供了言语信息加工所必需的检索（或存取）通道和信息资源，而信息加工处理的具体过程则有待于记忆系统中的工作记忆来实施和完成。

2. 译者对所译言语信息的理解

译者对所译言语信息的感觉、识别、分析、推导的"言语理解"及概念表征直至内部言语的生成和译语的输出，都发生在工作记忆这个信息加工厂中。它通过选择、存取、重构和计划、监控等手段完成对外部信息的心理加工，其运行过程（尤其是检索、存取和重构等的认知心理过程）始终依赖长时记忆中的多重信息网络系统，并与它形成互动、互补的纽带关系。

3. 译员信息网络系统的信息丰富程度

信息丰富程度制约其工作记忆的加工效率，而其工作记忆的加工、处理能力又影响其对网络信息的检索、提取、重构和使用的效率。

（三）翻译的中介

翻译的中介是指言语理解和言语生成的"中介系统"，其主要环节是概念表征。概念表征的中介意义在于：一，它既标志着译者对源语输入信息进行语音或语言符号感知至语用推导五个环节这种语言"分析"的结束，又意味着译者基于概念表征的翻译语言生成的开始；二，它具有相对的独立性和抽象性，作为言语理解结果的概念表征，是由不同层级的语篇信息组成的。

基于言语理解的概念表征代表了译者所理解的全部思想，反映了译者从具体的言语信息或语言表层中抽象出概念的"个别至一般""具体至抽象"的语篇解码过程。概念表征既是译者言语理解的终点，又是译者言语生成的起点。

（四）翻译表达阶段的心理过程

翻译表达是把源语中获取的概念和意图用译语编码的过程。从本质上说，言语表达是言语生成的过程。人们通过语篇层次表达自己的概念和意图，这些语篇层次包括：语篇意图翻译、语篇情景翻译、语篇语义翻译、语篇语用翻译、翻译表层编码。这些层次需要通过"言语生成"来实现。"言语生成"的主要环节有：语义初迹、句法合成、词汇合成、内部言语、语音或语言符号生成。

1. 语义初迹

言语生成的第一个环节。包含：主题和述题、潜在语义及一些潜在的语义关系三个要素。构成未来生成言语的基本语义体系（意义格式）和最初的表述意图，具有压缩的言语表述的性质。但它还不具备语言的语法结构和具体词汇单位。日常言语交际中的语义初迹通常是以外界输入的有关刺激的神经冲动为基础的，而翻译中的语义初迹是一种以源于言语理解的概念表征为基础的多维语义图示。

2. 句法合成

译者基于语义初迹的句法合成，将更多地借助其长时记忆中的多重信息网络系统，尤其是语言网络系统中的句法分支网络。

3. 词汇合成

译者在词汇合成阶段，经历了从长时记忆的词汇分支网络或心理词库检索、确定词项的加工过程，这一过程是神经信息的聚合性加工过程。

4. 内部言语

内部言语是句法的序列加工和词汇的聚合加工的必然结果，是译者内在的心理语言。该语言在功能上是述谓性的，在形式上是简化的、凝缩的并为社会所公认。译者至此已基本完成深层（概念）至表层（言语）的神经信息的转换过程。

5. 语音或语言符号生成

此时译者的信息加工任务是把内部言语转化成扩展的、现实的语句，从而完成现阶段的传译任务，并为下一轮的言语理解阶段做好准备。此时的译者开始进入语言网络系统的语音或符号分支网络，旨在实施内部言语的语音或符号合成，以期形成完整、现实的译语言语。译者长时记忆中的程序性知识和工作记忆的检索、重组水平对译者的翻译效果有较大的影响。

第六章　听力教学策略及翻译教学

第一节　听力教学策略

一、言语听解教学概述

听是外语学习的四项基本技能之一，是外语教学的目的，也是学习者获得日语知识和技能的源泉和手段。从传递信息的角度而言，听是吸收的过程，属于言语理解的技能。听还是一个被动的过程，尽管听的过程也包含主观分析等主动因素，但是却无法摆脱其被动地位，因为别人讲什么由别人决定，不能以听话人的意志为转移。从语言的表现形式来看，听的过程则是隐蔽的，是否听懂往往不是立即能被发现。因此，听解也是一种复杂、紧张、富有创造性的智力活动，它要求听者在听的过程中积极地进行感知、记忆、分析、归纳、综合等思维活动。因此，听力训练又是一种智力活动。

听与阅读一样，都属于领会式言语活动，有感知和理解的过程，其效率也包括理解程度和理解速度两个要素。外语学习中的听觉技巧主要是指推测能力和预测能力。这些能力的提高通常以阅读理解能力为基础。由于听和读所凭借的感觉器官不同，所以听觉理解能力虽然以阅读理解能力为基础，但是仍需要进行专门的训练，因此这是听力能力培养目标之一。

根据听的心理特点，我们把听的能力概括为：迅速捕捉和存储信息的能力、辨别各种语音的能力、适应日语语速的能力、长时间的听解能力、综合和概括的能力、判断力等。

二、日语听力教学要点

(一)"听音会意"能力培养

要学会听，首先要学会听音、辨音。日语语音知识教学策略中介绍了日语语音的构成特点。例如由于汉语中没有长音和短音的区别，对于日语长短音的听解就成为日语听解的一个困难所在。正是由于音位、音调、音长和音拍等的不同而产生的日语语音特征的存在，准确感知语音是正确理解所听到的话语内容的关键所在。

通常听力学习所说的听力不是指听音、辨音能力，而是指"听音会意"能力或听觉能力。培养听音辨音能力主要是语音教学的任务。对听力教学来说，它只是伴随性的任务。"听音会意"就是将语音与词及语法形式迅速建立起联系，从而感知、辨别和理解词句的意义。这是听力能力培养的首要目的，也是听解教学的难点之一。

(二) 快速准确存储信息能力培养

在运用母语会话时，即使听到很长的内容也能够复述出大概的内容，这是在"听"时短时记忆在发挥作用。而用外语交际时，由于对听到的词汇或语法现象以及语言交际情境的陌生，或者由于对使用日语进行交际活动本身的不习惯而导致记忆能力低下，不能迅速准确地记住所听到的内容，出现听了后句忘了前句的情况，不能够把所听到的内容之间建立起联系，使每一个句子都成为孤立的语言符号。这就会影响听解效果。这也是提高听解能力必须逾越的障碍。

(三) 长时间听解能力的培养

无论是听母语还是听外语，当专注于听解一个话题时，有时会因为过度紧张而产生听解疲劳，短时间内大脑运行停滞，产生听解空白。听外语时，这种空白发生的频率会更强，这是源于外语思维方式的变化，语言信息的传递和生成在头脑中还没有建立畅通的通路。日语教学需要帮助学生尽快建立起这个信息输入和产出的网络。通过训练，让学生逐渐适应用日语听解的思维方式，逐步延缓或减少由于紧张、陌生而产生的疲劳，把听日语和听母语的感觉趋向等同。因此，提高学生长时间听解能力也是听力教学的任务之一。

（四）调整思维方式的培养

因为日语与汉语的语序不同，在听解时需要将思维调整到日语表达方式中。这种思维的调整是听话人的隐性行为，由于思维习惯的调整是逐步形成的，开始时是汉语方式与日语方式的交替，必须经过一段时间的训练，才能逐步过渡到完全的外语方式。所以如何尽快过渡到以日语思维方式来听解，减少母语对听解内容的干扰，是日语听解教学的一个关键。

（五）准确取舍所听内容主旨的培养

听解的目标之一是在听的过程中不断对所听内容进行归纳、判断和推理。这一思维活动的前提就是要准确把握话题中心。在用外语思考时会带来智力下降的情况，这种智力下降表现在听解方面就是对于简单的逻辑性内容的推理、判断力降低，无法预测话题的发展趋势，不能迅速调整思路，跟不上说话人的思维变换，不能抓住话题宗旨，更不能及时对所听到的内容进行分析、思考，提出自己的看法，使自己真正参与到话题中去。只有做到思维正常运行，才能称之为听解，否则，只是倾听而已，所以，把握话题宗旨也是听解教学的要点。

（六）适应各种语速听力培养

跟不上所听话语的语速往往是"听音会意"的主要困难。由于每个人的发音习惯和语速不同，适应不同说话人的语音和语速，也是日语听解能力培养的要点。

三、日语听解能力培养策略

（一）一次性听解策略

听的瞬间性特点决定在听的活动中，很难做到一边接收新信息一边回顾、理解刚刚接收的信息。因此要求听者需要具备迅速捕捉和存储信息的能力。适应听这种瞬间性、一次性言语活动的特点，可以通过下列的听力训练达到提高听解能力的教学目标。

1. 中间不停顿听解训练

用学过的语言材料进行听力训练时，要坚持让学生快速综合地理解所听内容，即使在听的过程中遇到听不懂的地方，也不要停顿或反复听。因为停顿或反复听违背听的真实性，一旦养成反复听的习惯，就会容易把对听的注意力集中到词或语言规则上，很难关注内容逻辑，也会妨碍听的过程中全面理解语言材料能力的形成。

2. 选编好的听力训练材料

所选的语言材料中新的语言现象尽量少一些，即使有也要能通过联想、借助上下文猜测出其含义。这类语言材料可以是熟悉的也可以是陌生的。不适合听者听力水平的语言材料对听的训练来说可以达到"练耳"的目的，但是对于听解能力的培养来说意义不大。此外，过难的语言材料会妨碍听者快速综合地理解听的内容，不利于听解能力的培养。

（二）"听音会意"策略

"听音会意"是指准确辨音，正确理解话语含义。由于讲话者的出生地以及身份、地位不同，男女老幼的音色的不同，不同的人由于音质不同而导致的发音不同等原因，直接影响到听话人对语音的分辨，影响听解的效果，所以需要具备分辨各种语音的能力，即能够分辨不同地区、不同性别、不同年龄层次的人的日语发音的能力。辨音能力培养主要在语音教学阶段。为提高辨音能力，需要通过各种语音的辨别训练，以克服由于发音的差别给听音带来的困难。听音的主要目的还是要会意，不仅是理解说话人直接表达的话语内容，对省略的、隐含的话语内容也要准确把握，这就需要有扎实的日语知识功底和日本文化基础。语言知识和语言文化是"听音会意"的基础，但是对于已经掌握的语言知识和语言文化知识，也不是马上就能听得懂、理解得准确，还是需要通过应用性训练才能达到纯熟。"听音会意"能力可以通过扩大听音范围、精听与泛听相结合等方式进行训练。

1. 扩大听音范围

在现代日语教学可以应用的设备不仅仅只有录音机、VCD、MP3、多媒体教学设施，甚至微信、电子词典也在开发学习软件和平台，可以方便我们随时听到各种素材、体裁、音质音色的标准日语。教师在教学过程中可以随时选择合适的听音材料，给学生创造一个语言想象和视觉、听觉相结合的语言环境，以提高学生的"听"的能力。选择用于听解训练的电教材料时要注意以下几点：

（1）练习材料的科学性和技术性。日语教学用课件在科学性和技术质量方面应该达到语言地道或规范、语音语调标准和清晰，各种图像清晰、稳定。

（2）学习适合性。课件必须适合日语教学。首先要有循序渐进的难易程度，语速恰当。其次适合日语教学目的，要考虑课件的不同使用场合，如果用于泛读则语速要慢一些，并且在适当的语言单位后停顿，以便跟读训练；如果用于课外复习，则语速可以相对快一些，不一定要有停顿。对程序性课件的内容的程序编排上要考察它是否考虑到使用者的学习活动，以课文诵读和课文提问录音带为例，要看它是否每个提问后有停顿或给出答案，是否有过渡性操练等。

（3）艺术性。各种课件，特别是提供给学生自学和课外活动的课件，最好具有艺术性。例如录音的停顿处不是无声而是音乐声；幻灯、投影、多媒体课件的画面设计要有审美性，教学录像片的教学内容尽可能有情节、画面有审美性。

2. 精听与泛听

听是指学习者凭听觉再现听力材料所传递的信息。听写是指学习者在听后以书面形式完成检查听觉理解情况的作业或练习。听力学习也可以分为精听和泛听。两种听力学习在学习模式上基本相同，区别在于听力材料的难易度和听后应完成的作业要求。精听要求听懂全文内容，泛听只要求捕捉主要信息。

语音阶段的听写训练在语音部分已经说明。在课文学习阶段的听写训练的内容可以包括听写各课的单词、句子；听答（听教师就学过的单词、句型和语法，口头提出问题，迅速写出答案）；听写课文中的一段话；听写与课文难易程度相同的录音文章；听写填空（事先做好听写材料的填空题目，练习时先放两遍录音，之后边放录音边停顿，在空格内填写录音中的关键词、句子）。

精听中常见的作业或练习形式是：日语发音相似的假名或词汇的辨音练习；正误判断练习；多项选择练习等。精听的一般步骤是：初听—复听—完成作业—阅读书面材料—校正—分析错误。

（1）初听。教师在布置初听训练任务时要明确指示"听"的目标，如听懂全文每个词句还是全文大意，也要说明读、播的语言单位和次数。语言单位可以是句、段或全文；次数可以是一遍、二遍、三遍。初听训练要随着听力训练的不断强化，有计划地减少次数，有计划地提高读、播的语速。初听时还要让学生初步了解所听语言材料的内容，以提高"听"的兴趣和动力。

（2）复听。弥补初听的遗漏、疏忽或订正错听。语言单位通常为全文。通常只诵读或播放一遍。

（3）完成作业。有的听力材料还附带对所听内容的书面问答练习，可以在初听前或复听后逐步完成作业。

（4）阅读书面材料。课文听解除非是要关注语调、重音，需要在原文做标记，其他的听力训练尽量不要边看课文边听；如果所听语言材料是陌生的，则在听力训练过后一定要通过阅读书面材料来自我检查听解结果，订正听解中的错误。

（5）校正和分析。修改完听解错误，对回答的错误原因进行分析，找出造成误听的根源，是词汇不熟悉还是语法理解错误，或者语音辨音错误等，针对听解能力不足，指导学生有目的地加以训练。

（三）高语速的日语听解策略

快的语速往往引起音质的变化，因而使听者不易识别各种语音及其变体，特别是相似而实际上有差异的语音，这就给听者带来理解上的困难。此外，快的语速不利于听者进行联想，使得他们不能把上下文内容联系起来，出现听解遗漏，也容易产生听解疲劳；过慢的语速语言不连接，中间有间隙，听者注意力容易分散，不能积极紧张地思维，也不利于听者的准确理解。

心理语言学的实验材料表明，人在每分钟能听到的字节，快语速为400个音节，中速为250个音节，慢速为120个音节。日语属于语速较快的语言，需要学习者具备适应中等以上语速的听解能力，通常为适应每分钟 270～280 个音节的语速的能力。在教学中可以采用如下策略指导学生：

1. 集中注意力

高语速的表达往往是转瞬即逝，稍不留神就错过了，所以要全神贯注地听。为了保证注意力集中，在听音过程中要手写、口述、思考等多种感官并用，做到积极主动地听。

2. 经常练习

常听正常语速的对话录音或广播、电视中节目主持人的播音、影视剧中的台词等。除了指导学生课堂听录音外，课后也要根据学生的听力水平，布置适当的听解练习或练习朗读、听说以及默读等。

3. 预习或准备

预习或准备是指在听音之前了解话题以及与话题相关的词汇。有条件的做听记训练，如听解熟悉的内容等可以提前预习与所听内容有关的词汇、语法等，以提高听的兴趣和效果，在体验听解满足中逐渐提高听解能力。对于陌生内容可以通过初听、复听等手段逐步达到熟悉话题的目的。

4. 对听不懂的词语或句子的处理

在听解过程中，如果遇到有词句听不懂，不能因为想着这些词句而中断听解活动。根据交际情况，或者把这些词句记录下来后继续往下听，或者忽略这些词汇或句子，通过上下文、说话人的态度、动作表情等来推测这些词汇或句子的意义。对于记录下来的内容可以听完以后再设法查懂。在不影响理解话语主要内容的情况下，对某些不懂的词或句子可以忽略。但是对于重要的内容，例如话题所涉及的时间、地点、主题等，如果一次没有听懂，条件允许时可以通过提问、复听等手段加以明确，以免影响对话语主要内容的理解和记忆。

（四）听记熟悉内容的训练策略

理解语意固然是听解的关键，但是，听熟悉的内容也是有意义的。这是练习日语思维、听解记忆以及理解高语速、长句子的日语表达的好方法，所以，在听解熟悉内容时可以在这几个方面多做指导性训练：

1. 一次性听解

集中注意力，对一个语言材料不要反复中断复听，要多做一次性听完所有内容的听解练习。

2. 联想与直接理解

静听正常语速的语言材料，体会"身临其境"的听觉表象在脑海里浮现的感觉。力求不经翻译、分析地直接理解材料内容。

3. 仿说

仿说是练习听解记忆的好方法。开始训练仿说时可能只是词汇或短句的模仿，随着练习层次的提高，仿说也要逐步达到尽量完整表述语句的目标。仿说时的声音虽然可大可小，但当条件适合时尽量要出声模仿，尽量跟上说话人的语速。

4. 重视理解语意的训练

因为是熟悉的内容，所以更能体会说话者的语气、情感表达，因此，不要因为已经了解语意就忽视听语意的训练而只听一个个片段的词汇或语句。要始终把对语意的理解放在听解训练的首位，从而养成边听边解的日语思维习惯。

（五）听记陌生内容的训练策略

利用陌生的语言材料进行听解练习时，往往因为难以达到一次听解，学生不容易获得学习成就感，所以需要鼓励学习者有克服困难、挑战自我的勇气和决心。听记陌生语言材料通常会因为词语或句法的陌生而导致听的中断，所以，对连续听解能力的培养就至关重要。

1. 笔录或速记训练

对于听到的内容能快速地边听边记录，抓住所听内容的中心词、关键词，这有助于帮助我们记忆和理解所听内容。特别是对于话题所涉及的"五个 W"（what，why，who，where，when）即时间、地点、人物、事件、经过等要重点进行记录，如果涉及数据，特殊名词等也要记录下来。记录不要求细致工整，只要自己能看懂，起到提示作用即可。但是，记录要按照一定的顺序书写，以免弄错条件关系和因果关系。

每一个话题结束后，画一条线，将其与下一个话题分割开。条件允许可以用另一页记录下一个话题，以免混淆。笔录时可以用假名也可以用当用汉字，最好不要翻译成汉语，以省去思维变换的麻烦。

2. 预测下文训练

通过中途停放录音，根据说话人的语气、立场，推测说话人可能出现的结论、观点、态度以及可能的语言表达形式等，对于谈话的发展趋势进行预测。预测行为是听解过程中的潜意识行为，不可过于强调也不可忽视，将预测始终置于随机调整的水平为最佳，发现话题或谈话内容与自我预测有悖时要及时调整思路，跟上说话人的思维。

3. 连续思维

听解能力尤其要求听话人的反应敏捷、思维转换迅速、注意力高度集中，此外也要保持思维的连续性。大脑在听一个话语内容的过程中始终处于兴奋状态，可以联想、分析、推理，不要翻译，尽量按照语言的原本形式来理解话语内容。

（六）长时间听解能力训练

心理学实验表明，对于初学外语的学习者来说，一次的听解容量若超过 10 分钟就容易产生疲劳或遗忘。因此，教学中需要通过有效的训练，让学习者逐步掌握长时间听解的能力。听解时间应遵循从短到长的原则，一般说来听力训练应当从 3~5 分钟的简短讲话或对白开始，逐渐增加到 30~50 分钟，直到能听懂正常长度的报告和讲演。

1. 听解材料的选择

选取听解语言材料的长度和难度要适合学生的日语水平。要由浅入深，逐步提高难度，不要急于求成。还要注意语言材料的趣味性、故事性，尽量做到通过一段听解一个主题。

2. 逐步延长训练时间

最初的训练时间虽然一次是 3～5 分钟，但是，此后通过复述、提问来练习所听内容，等于休息了 5～10 分钟，然后继续听 3～5 分钟。这样反复训练，逐步延长听解训练时间长度。

（七）提取谈话主题或中心策略

如果听者不善于对所听内容进行综合和概括，往往会不分主次，过分注意细节，如个别词或句型等，结果很难抓住谈话的主题或中心。因此，听的过程中的综合与概括能力也是听的能力要素之一。提取谈话主题或中心的听解训练主要通过泛听来完成。

1. 提问回答

通过选择式、判断式、讨论等形式的提问练习题目，检查对文章或语段的中心或主题的理解。例如，用"は"、"いいえ"回答对听解内容的提问等。

2. 转述或译述话语内容，这是检验听解率的好方法

转述或译述得越完整，说明听解的水平越高。在转述训练时也许会经历三个过程：不遵循原文—遵循原文—不遵循原文。最初的不遵循原文表达方式是因为听得不完整，无法完全按照原文的表达方式转述。在这一阶段只要能够抓住话题中心，不违背原文即可。遵循原文阶段是因为听解达到一个较高的水平，已经能够完整转述原文。最后的不遵循原文转述主要是听话人在转述时通过归纳分析，对原文内容进行了加工处理，用自己的语言逻辑重新组织了听解的内容，是听解转述的高级形式，也是会话训练的主要手段。

3. 给所听内容拟标题

标题是对话语内容的高度概括，为所听内容拟题，是检验自己听解准确度的最为快捷的方法。

4. 就听过的内容进行评论

用外语思维时能力降低的问题是不可回避的。可能我们在一次听解或多次听

解中还是不能准确把握话题中心或宗旨，那么可以借助就话题内容的讨论或评价来验证学生听解的准确性，同时这也是口语训练的好方法。

此外，由于日语的词汇中有大量同一汉字发音不同的词和同音异义词。这就需要听者具备联系上下文判断单词在句中的准确意义的能力。

听解水平的高低很大程度上还取决听者头脑中是否有足够的语言信息量。这种语言的信息量除了包括词汇、语法、句型等语言方面的信息外，听解内容越难懂，越需要对语言的社会、政治、经济文化、地理、风土人情等文化常识有丰富的了解。因此听的能力培养不是孤立的，单纯依靠反复听只会耽误许多宝贵的教学时间，必须结合语言结构的学习、语言文化的学习以及其他言语技能的学习成果，采取适当的教学策略，才能收到事半功倍的效果。

第二节　翻译教学策略

一、日汉翻译教学概述

日汉翻译是日语和汉语的语言信息互为转换的过程，是两种语言符号的互相阐释，它包括汉译日和日译汉两种模式，还包括口译和笔译两种表达方式。职业口译按其活动性质大致可分为三种类型：会议传译、随从传译、联络传译，其中，会议传译按工作方式又可分为同声传译和交替传译。笔译主要与所译素材题材相关，包括文学翻译、科技翻译、政论翻译、商务公函翻译等。无论是口译还是笔译，按照翻译的具体策略来分，还有直译和意译之别。翻译的语言学研究，使翻译从经验主义中解放出来；翻译不仅是纯语言层面的活动，更是一种重要的文化实践。翻译具有社会性、文化性、符号转换性、创造性和历史性等本质特征。总之，翻译是以符号转换为手段、意义再生为任务的一项跨文化交际活动。

翻译与听、说、读、写四项外语技能有着密切的联系。口译与"听"与"说"相关，有关听说的能力对翻译能力的形成都有促进作用；笔译与"读"和"写"不可分割，读与写的能力也有助于翻译能力的提升。无论是听、说、读、写还是翻译，都与语言的文化背景密切相关。翻译与外语四技的差异主要在于："听""说"活动主要有"发话人、听话人"参与；"读""写"活动有"作者、读者"两个要素参与，并且所阅读的作品只涉及原作。与之相比，翻译活动的参与者更多，在口译过程中包括"说话人—翻译—听话人"；在笔译中包括"作者—译者—读者"，并且笔译活动所涉及的作品也包括"原作、译作"两个要素。有更多的人和物参与的翻译活动，其对译者的心理生理，双语水平、对译能力等有更高的要求。

关于翻译的标准，学界始终没有定论。东西方翻译理论从古至今对翻译标准的研究一直在持续发展。西方翻译标准理论有瓦尔特·本雅明"纯语言"观、泰特勒的"等值原则"、卡特福德的"话语对等"理论、奈达的"动态对等论"等，从不同侧面阐释什么是好的翻译；中国从古至今经历过佛经翻译的"直译""意译"到严复提出"信、达、雅"，经历了几千年的发展，现代翻译理论也出现过傅雷的"神似"说和钱钟书的"化境"论。翻译的标准由于受到时代、社会需求、读者需求等影响，没有唯一的、绝对的标准。从教学角度研究翻译能力的培养问题，仅从翻译的准确性、艺术性、实效性出发，开展讨论。

总之，翻译教学与语言知识教学和语言技能教学密切相关，但是，翻译学又是一门独立科学，有其独立的理论体系和研究方法，也有其独立的任务目标和标准要求。

二、翻译教学要点

（一）翻译的基础

翻译的基础是译者能自如运用外语和母语两种语言。译者的语言基本功包括词汇量、语法知识、阅读或听解能力、分析理解能力、措辞能力、组句能力、修辞能力、文学艺术修养等。在翻译教学中，往往更重视对外语的理解、外语的表述方式，忽视对母语的再教学。在专业日语教学中，无论是口译还是笔译，准确翻译是基本原则，要做到准确翻译，一方面要对发话者（或者作者）的语言有准确理解、对发话者（或者作者）的心理准确把握，另一方面是完美利用另外一种语言再现和传递出这些思想和话语内涵。所以，能否准确理解、表达两种语言都会直接影响到翻译的质量和水平。翻译教学肩负着教授"传递信息的方法和策略"任务的同时，也肩负着指导学生再认识母语的责任。

（二）翻译的技巧

语言的转换首先是词汇和语言规则的转换，其次是语言文化心理的转换。翻译教学的一项重要任务就是让学生把握翻译技巧，例如：词汇转换时，要注意中日词汇的概念有无差异；是否是专有名词或者多义词；词汇的感情色彩如何；位相语的翻译、熟语的翻译、简称的翻译、数次的翻译、流行语的翻译、歇后语的翻译、拟声拟态词的翻译、特殊词语的翻译等等。关于句子翻译，翻译教学不仅涉及句型、语法、惯用搭配等语言结构、规则，更重要的是指导学生准确把握句子的语言逻辑；文章的翻译会涉及不同题材、不同体裁文章的翻译技巧；语言的文化和心理在跨文化交际部分已经说明，例如，"说曹操，曹操到"这句话和三国的曹操没有关系，是语言的文化性表达；当日本人说"じゃ、また会いましょう"就不是邀约，而是对现在会面的拒绝，这是语言的心理性表达。翻译教学就是要指导学生把握翻译技巧，为翻译实践提供理论指导。

（三）翻译标准的把握

翻译标准的讨论始终是翻译理论研究的焦点，如何把握各种流派观点不一的翻译标准，到底是"信、达、雅"为最佳，还是"神似""化境"才是终极目标，翻译理论教学也不能回避这个问题。教师的责任就是指导学生能够按照不同翻译场合、不同翻译目标，采取不同的翻译技巧，灵活把握不同的翻译标准，做好翻译实践。

（四）翻译的心理训练

口译对译者的心理素质要求高，因为临场紧张、现场嘈杂带来的情绪波动和注意力分散、疲劳带来的短时记忆力下降等，都会导致翻译的失败。此外，译者的快速反应能力、得体应答的机智、敏锐的推理判断力、灵活得当的交际能力等，都影响着翻译的效果。笔译对译者的品质也有要求，如精益求精的钻研精神、耐得住寂寞和枯燥的毅力、持久工作的韧劲等。译者在从事翻译工作时，只有具备良好的、稳定的心理素质，才能有效发挥自如运用双语的翻译能力。

（五）翻译的职业素养

翻译人员除了具备专业知识（外语知识、母语知识）外，还要具备广博的知识结构，了解各行各业的基本情况。职业翻译还要具备综合素质，如记忆能力、记录能力、逻辑分析能力、概括能力、语言表达能力、写作能力等等。此外，翻译人员的政治素养（社会责任心、爱国、爱民族、有信仰等）、职业道德（保密意识、严谨的工作作风、实事求是的翻译态度）、行为素养（举止有礼、穿着得体、态度端正、守时严谨等），也是通过翻译教学要学生具备的必要知识和素养。

三、日汉翻译能力培养策略

（一）翻译前准备所需要能力的训练

无论是笔译还是口译，译前的准备充分，不仅可以增强译者翻译实践的自信心，更是翻译顺利进行的必要保障。口译和笔译的译前准备有相同点和不同点。

1. 口译的译前准备

（1）专有名词准备，要准备人名、地名、机构名称、所谈业务相关的专有名词等。

（2）话题准备、即将开始的口译将围绕什么样的话题展开，主要是由工作内容决定的。例如，准备随行翻译时，由于工作内容可能会涉及接机、住宿、订餐、宴请、会谈、送别等相关工作，就可以围绕这些方面准备语言材料。

（3）背景知识准备，翻译人员需要准备所工作地域的风土人情、物产资源、地理历史等知识，以便交际顺畅。如果是会议翻译，需要了解会议主题、议程、来宾构成、会议发言者的发言提纲等。特别是会议内容如果涉及专业领域，例如经济、管理、法律、金融等的某一侧面，与之相关的国际要闻、名人大事、专业词汇也都要一并准备。

（4）心理精神准备，主要包括严谨认真的工作态度、不急不躁的工作作风、阳光积极的精神面貌等。作为一名翻译工作者，仪表端正、举止有礼、神态亲切自然，首先就积极创设了良好的翻译环境。因此，工作前需要洗澡理发、熨烫衣物、早睡、化淡妆、规划好时间不迟到、带好工作所需材料文件，精神饱满地进入工作场合。养成这样的习惯和心理准备，是口语翻译课程的必要训练。

2. 笔译的译前准备

（1）大量阅读。笔译分文学翻译和非文学翻译。文学翻译主要包括通读原作、了解作者、了解作品的历史背景和作者写作时的社会背景、读与作品相关的评论。通过这些准备，把握作者叙述过程中要表达的文化内涵、心理内涵，这样才能真正把握作品，在翻译一语双关、隐喻的语句、段落时才能找到最准确的表达。非文学作品翻译主要关注专业领域的知识，对专业术语、专有名词、专业背景等做好材料准备，以免由于不懂专业，误译原文或者译文不专业。因此，尽可能多地收集与拟翻译文献相关的资料，无论是中文还是外文，大量阅读，深入理解，才能顺利翻译。

（2）认真准备。如果是文学翻译，需要列出人物关系图、情景示意图、故事发展脉络图等，以便在翻译过程中能宏观把握作品。如果是翻译非文学作品，可以先列出文章逻辑、推理过程等。

（3）反复训练。如果拟翻译的文献是宏大篇章，翻译之前可以先尝试翻译一部分，找准翻译的语言表达风格。也可以请同行对试译部分提意见和建议，通过反复修改，确定翻译基调。

（4）请教研讨。可以访问专业人士，请教不懂的问题，以便能用专业的视点看待翻译工作。

（5）心理精神准备。翻译文章首先需要精益求精的专业精神，全神贯注翻译的习惯。其次需要设定好翻译环境，随手可用的工具书、资料，网络查询的支持，尽可能不要总被打扰和打断，保持翻译工作的连贯性和逻辑性。第三，平稳的心态和健康的身体状态是必要保证。

（二）翻译过程中所需要能力的训练

翻译工作中，无论是口译还是笔译，都要求译者具备良好的双语交际能力、扎实的专业功底和精湛的翻译素养，还需要广博的知识、良好的心理品质。为此，在培养翻译工作者专业能力训练时，需要有适合译者水平的中外文拟翻译资料、必要的翻译理论指导、专业的翻译导师的指点、模拟的翻译者工作环境和情景，在这样的环境下，译者会成长得更快。

1. 口译能力的训练

（1）快速反应能力

第一，视屏翻译。无论是同声传译还是交替传译，都需要译者专注地倾听、敏捷地思考和快速地表达。这个能力的达成需要教学过程中和课后随时随地地训练，例如，播放各种题材和体裁的视屏资料，如影视剧、节目短片、新闻播报、会议现场视频等，让学生练习同声传译和交替传译。交替传译尽可能要求学生完整表述，不拖延。同传训练时即使翻译得不够全面，有时候只译了几个词，也要尝试练习，坚持下去。经过训练，会逐步加快母语与外语的思维转换、从记忆中快速提取词汇，对口部发声器官肌肉群的紧张性锻炼也大有裨益。

第二，口头翻译。以教师或同学组队互译，或者模拟会议翻译为主要形式。目的是锻炼译者适应不同声音、语流、语调、语速的语言表达。

第三，听音翻译。主要是不进入翻译情景，看不到说话人动作、表情等，没有语言辅助要素的参与，只凭借声音信息来翻译。这是同声传译训练的初级阶段，这对译者来说是更加困难的翻译。

（2）准确全面记忆

第一，准确记忆的前提是完全听得懂双方的话语思想和内容。

第二，准确记忆的诀窍是把握发话者的叙述逻辑，记忆这个逻辑过程。

第三，必要的提示记录有助于帮助译者准确全面记忆话语内容。记录可以是单词、首字母，可以是草书或符号，最好是用所听语言的符号记录，避免语言转换耽误时间。

第四，充沛的精力和高度兴奋的翻译状态有助于翻译过程的完整记忆。

（3）准确地分析预测

第一，仔细体会隐性语意。翻译过程中，发话者的原则和态度通过动作、表情等更容易被翻译人员所体会，应用这些隐性理解，译者可以预测发话者的后续话语。这种预测能力来源于译者敏锐的观察和平时的积累。

第二，借助言语的字面意义，语言中的语音、声调、语气、副词惯用搭配等，并结合语境等推导出说话人的真正意图或内在含义，这种预测来源于译者的双语语言基本功底。

（4）合适地表达

持不同语言的双方无论以何种态度和语气表达，译者都要始终保持沉着冷静，不夹杂个人情绪，尽可能完整表达双方的意图，又不会引发争端，这是对译者的语言交际能力水平的要求，更是对译者机智应对、敏捷处理临场状况的专业能力和素养的考验。

（5）沉着冷静的态度

第一，适应各种方位的翻译。无论是坐式翻译还是立式翻译，无论是移动中翻译还是非移动状态下的翻译，译者要适应各种翻译方位，找准作为翻译应处的位置，把握翻译时的声音高低。

第二，适应各种译位的翻译。有意识训练学生多体验室外翻译、人群中翻译、会议现场翻译、台前翻译、幕后翻译等各种翻译场合，训练学生不受干扰，专注语言交际的能力。

2. 笔译能力训练

（1）准确理解

译文要符合或接近原文意义，准确认知是必要保证。特别是文学翻译，译者要把自我融入作者的心态、感觉、情绪中，捕捉作者选择每一个词、每一个表达的真实意图，是诙谐还是讽刺、是调侃还是陈述、是无奈还是犹豫或迷茫。只有准确把握，才能落笔翻译，否则就是对原作和原作者的不负责任，也是对读者的欺瞒。要做到这一点，反复阅读，提前准备是保障。

（2）推敲

翻译过程中，无论是文学翻译还是非文学翻译，即使是一个语句、一个词语的差异，也能改变作品的风格，带给读者不一样的感受。所以，到底是该增译还是该减译、该分句还是该合句、该颠倒肯定与否定的表达还是保留原作的表达方式，这些都要在尊重原作的基础上，结合译作语言的表达习惯和作品风格决定，需要译者严谨慎重。因此，在日常教学中，要培养学生养成推敲文字的习惯。

（3）表达的艺术性

文学翻译的艺术性主要重在语言精美、表达流畅，特别是诗歌翻译还要简练达意、工整对仗。非文学翻译的艺术性主要表现在语言富有逻辑，表达精练明确。汉语中短句式较为常见，日语中长句比较多，对长短句的分与合，逻辑关系的把握，断句、语言风格的提炼都是笔译需要重视的。这都需要在日常地训练中仔细揣摩，不断提高语言表达水平，达到翻译的艺术准则。

（4）译者的态度和心理

口译不似笔译，只有唯一，别无选择，同声传译尤其如此。即使交替传译可以一边记录一边思考，但是谈话的时间限制也容不得译者过多思考。笔译则可以充分斟酌，衡量利弊得失再做选择。但是，要使译文达到语句通顺、用词精准、标点正确、格式规范等标准，需要译者具有严谨认真、精益求精的工作态度和对译文反复推敲的耐心与恒心。

参考文献

[1] 唐磊,皮俊珺,李家祥,等. 日语教学论[M]. 南宁:广西教育出版社,2020.

[2] 程青,张虞昕,李红艳. 日语教学理论与实践模式研究[M]. 长春:吉林人民出版社,2019.

[3] 董春芹. 跨文化视域下的日语教学研究[M]. 长春:吉林人民出版社,2019.

[4] 丁尚虎,赵宏杰. 社会语言学与日语教学研究[M]. 上海:上海交通大学出版社,2019.